엔트리 게임 챌린지

코딩프렌즈와 함께 하는

ENTRY

지란지교에듀랩 저

YoungJin.com Y.
영진닷컴

ISBN 978-89-314-6178-7

독자님의 의견을 받습니다

이 책을 구입한 독자님은 영진닷컴의 가장 중요한 비평가이자 조언가입니다. 저희 책의 장점과 문제점이 무엇인지, 어떤 책이 출판되기를 바라는지, 책을 더욱 알차게 꾸밀 수 있는 아이디어가 있으면 팩스나 이메일, 또는 우편으로 연락주시기 바랍니다. 의견을 주실 때에는 책 제목 및 독자님의 성함과 연락처(전화번호나 이메일)를 꼭 남겨 주시기 바랍니다. 독자님의 의견에 대해 바로 답변을 드리고, 또 독자님의 의견을 다음 책에 충분히 반영하도록 늘 노력하겠습니다.

주 소 : (우)08507 서울시 금천구 가산디지털1로 128 STX-V타워 4층 401호 (주)영진닷컴 기획1팀

이메일 : support@youngjin.com

파본이나 잘못된 도서는 구입처에서 교환 및 환불해드립니다.

STAFF

저자 지란지교에듀랩 | **총괄** 김태경 | **기획** 정소현 | **표지 디자인** 김효정 | **내지 디자인·편집** 김소연
영업 박준용, 임용수 | **마케팅** 이승희, 김근주, 조민영, 이은정, 김예진 | **제작** 황장협 | **인쇄** 예림인쇄

머리말

중학교 1학년이 되던 해, 저의 첫 컴퓨터가 생겼습니다. MS-DOS를 플로피디스크로 실행해 녹색밖에 없는 모니터에 뜻도 모르는 영어로 된 명령어를 한 자 한 자 따라치는 것도 신기했습니다. 그 당시는 인터넷이 없던 시절이라 컴퓨터로 게임을 하려면 컴퓨터 가게에 플로피디스크를 들고 가서 몇백 원을 주고 복사를 해와야 했습니다. 수십 종의 게임을 복사해왔고 나중에는 디스크 복사하는 명령어를 익혀서 친구들에게 직접 복사해주기도 했습니다.

지금의 우리 아이들은 정말 엄청나고 방대한 데이터와 게임들을 접하면서 살고 있습니다. 스마트폰으로 수많은 게임을 손쉽게 다운받을 수 있고 유튜브로 다른 사람이 하는 게임도 보고 궁금한 건 뭐든 찾아 바로 확인해볼 수 있죠. 그에 반해 우리 부모들은 스마트폰만 보고 있는 아이들이 걱정스럽기만 합니다. 하지만 그 많은 유혹을 무조건 하지 못하도록 하는 것이 정답은 아닐 겁니다. 인생에서 처음 해본 일들은 기억에 강하게 남습니다. 자기가 직접 만든 게임 또한 마찬가지일 겁니다. 그 게임이 재미있고 완성도가 높다면 성취감이 생길뿐더러 자신감도 높아질 겁니다.

이 책에서는 하나의 게임 작품을 만들기 위해 여러 미션을 수행하도록 구성되어있습니다. 미션 다음 페이지의 미션 확인 블록을 따라서 조립하는 것도 도움이 되지만 스스로 해결하지 못한 부분이 있다면 다시 한번 해 볼 것을 권장해드리고, 꼭 자신만의 스타일로 바꿔보시기 바랍니다.

코딩을 배웠다고 프로그래머가 되어야 하는 것은 아니랍니다. 영어를 배워서 영어학자가 되거나 수학을 배워서 수학자가 되려는 것이 아닌 것처럼 코딩은 앞으로 여러분이 어떤 직업을 가지고 어떤 일을 하든지 많은 도움을 줄 수 있는 미래에 필요한 모두의 언어가 될 것입니다. 이 책은 엔트리 게임으로 코딩을 배우고 싶은 학생뿐만 아니라 블록형 언어를 이해하고자 하는 모든 이들을 위한 책입니다. 코딩에 대해 관심 있는 학부모들도 직접 해보고 아이들에게 선물해주길 추천합니다.

이 책이 나오기까지 도움을 준 사랑하는 우빈이와 한실장님, 하나, 서나, 레나, 안나, 별, 송과장님, 부족한 저를 믿고 항상 지지해주시는 지란지교 오치영 CDO님과 이수근대표님, 남권우대표님께 감사를 드립니다. 끝으로 이 책 출간에 많은 도움을 주신 정소현 대리님, 김소연 주임님, 이은정님 그리고 영진닷컴에 감사의 말씀을 전합니다.

이 휘 동
JACK Mountain

이휘동

지란지교에듀랩 대표이자 이코딩아카데미 원장을 맡고 있다. 아주대 컴퓨터공학과 출신으로 2006년부터 10년간 지란지교소프트에서 IT 보안 솔루션을 기획/개발하였다. 2017년부터 현재까지 코딩학원을 운영하면서 콘텐츠를 만들고 있는 그는 지금까지 수백 명의 학생들을 가르치면서 검증된 재미있고 효율적인 코딩콘텐츠를 다양한 채널로 공개하고 공유하고자 한다.

이 책의 구성과 특징

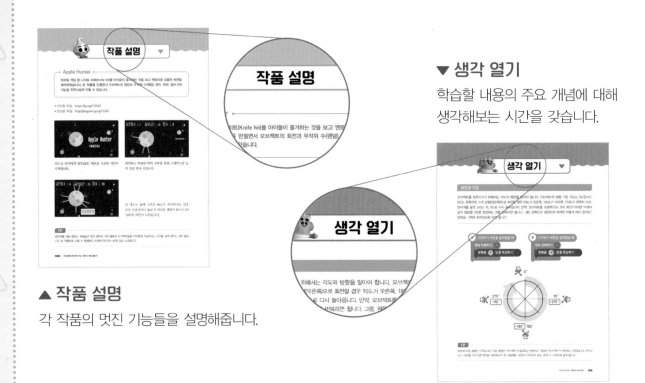

▲ 작품 설명

각 작품의 멋진 기능들을 설명해줍니다.

▼ 생각 열기

학습할 내용의 주요 개념에 대해
생각해보는 시간을 갖습니다.

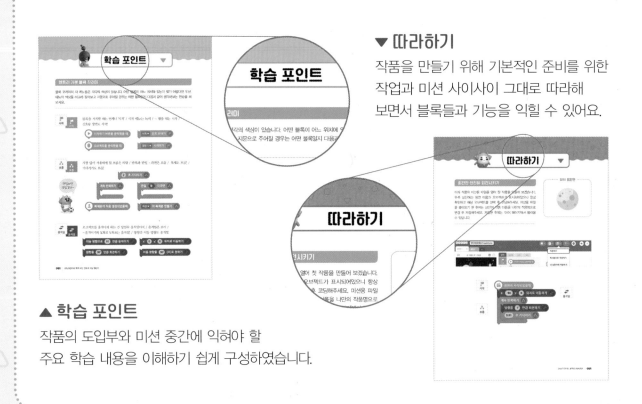

▲ 학습 포인트

작품의 도입부와 미션 중간에 익혀야 할
주요 학습 내용을 이해하기 쉽게 구성하였습니다.

▼ 따라하기

작품을 만들기 위해 기본적인 준비를 위한
작업과 미션 사이사이 그대로 따라해
보면서 블록들과 기능을 익힐 수 있어요.

▼ 미션
다양한 형태의 미션이 난이도에 따라 주어집니다.
- 스마트(Smart)
- 텍스트(Text)
- 빈칸(Blank)
- 디버깅(Debugging)
- 챌린지(Challenge)

구성이 참
다양하구나~

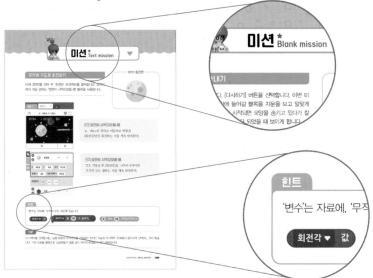

◀힌트
미션 시 난이도에 따라
힌트 블록을 보여줍니다.

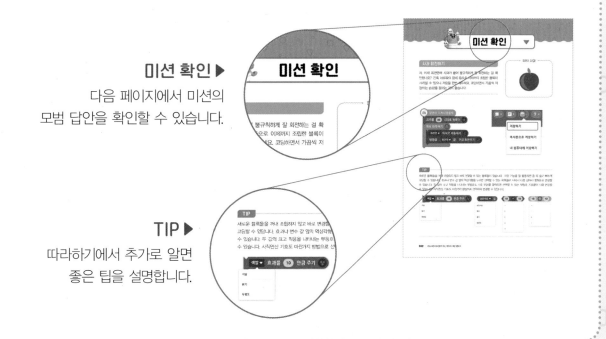

미션 확인 ▶
다음 페이지에서 미션의
모범 답안을 확인할 수 있습니다.

TIP ▶
따라하기에서 추가로 알면
좋은 팁을 설명합니다.

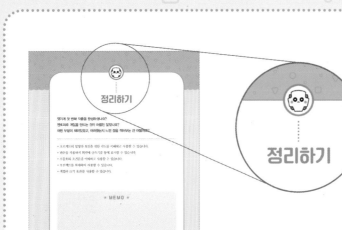

▲ 정리하기

챕터마다 배운 내용을 정리하고
생각해보는 시간을 갖습니다.

▼ 코딩 스토리

일상생활에서 실제 사용되는 코딩과 관련된
용어와 최신 기술들을 알기 쉽게 풀어서
알려줍니다.

◀ 코딩 퀴즈

코딩 능력을 향상시키고 창의적 문제 해결 능력을
키우기 위한 흥미로운 퀴즈를 제공합니다.

실습 파일 다운 방법

이 책에 나오는 모든 게임 작품의 소스 코드는 다운받아 사용할 수 있습니다.

❶ 영진닷컴 홈페이지(www.youngjin.com)의 [고객센터]–[부록CD 다운로드] 게시판에서 들어갑니다.
'엔트리 게임 챌린지'를 입력한 후 [검색] 버튼을 클릭하고, [부록CD다운로드] 버튼을 클릭하여 소스
파일을 다운받습니다.

❷ 엔트리를 실행하고 [파일] 메뉴–[오프라인 작품 불러오기]를 클릭하여 다운받은 파일을 선택하고
[열기] 버튼을 눌러 작품을 불러옵니다.

소스 파일에 수업용으로 사용할 수 있는 미션지 PDF 파일도 함께 제공하고 있습니다.
에러 및 기타 문의사항은 'jedulab@jiran.com'으로 메일 보내주세요.

목차

엔트리란?

엔트리는 국내에서 개발한 EPL(Educational Programming Language) 플랫폼입니다. 해외에서 MIT 미디어랩이 개발한 스크래치(Scratch)와 함께 국내에서 가장 많이 사용되는 교육용 프로그래밍 언어입니다.

C(Code::Blocks)

```c
int main()
{
    int forward = 0;

    for(int i=0; i<10; i++) {
        if(forward == 1) {
            printf("%d\n", i);
        }
    }
    return 0;
}
```

스크래치 3.0

Python(IDLE)

```python
import turtle as t
t.shape("turtle")


forward = 0

for x in range(10) :
    if forward == 1 :
        t.forward(10)
```

엔트리

위와 같이 실제 컴퓨터 언어인 C나 Python으로 짜여진 복잡해 보이는 명령문을 블록형 언어인 스크래치와 엔트리로 간단하게 조립하여 실행할 수 있습니다. 엔트리는 온라인으로 엔트리 사이트(playentry.org)에 접속하여 이용할 수도 있고, 오프라인 버전 프로그램을 다운받아 사용할 수도 있습니다. 만든 작품을 저장하고 공유하기 위해서는 온라인을 이용할 것을 추천합니다.

엔트리 접속하기

엔트리 웹 서비스는 인터넷 접속이 가능한 모든 PC에서 가능하고 인터넷 익스플로러 10 이상과 크롬 브라우저를 공식 지원하지만 브라우저에 따라 성능 차이가 발생할 수 있어 최신 버전의 크롬 사용을 권장합니다.

브라우저 주소창에 'playentry.org'를 직접 입력하거나 포털 검색창에 [엔트리]로 검색하여 사이트에 접속합니다.

크롬의 북마크 기능을 이용해 처음 등록할 때 [북마크바]에 넣어두면 접속이 편리합니다.

TIP

부득이 인터넷이 안 되는 곳에서 학습해야 할 경우 오프라인 프로그램을 미리 다운받아 사용할 수 있습니다. 좌측 메뉴에 있는 [다운로드] 페이지에서 Windows용과 Mac용 프로그램을 PC 사양에 맞게 선택 다운로드하여 설치합니다.

엔트리 회원가입

엔트리 첫 화면에서 우측 상단의 [회원가입] 버튼을 통해 회원가입을 할 수 있습니다. 회원가입을 하지 않아도 작품을 만들 수는 있지만 만든 작품을 온라인에 저장하고 공유하기 위해 회원가입하는 것을 권장합니다.

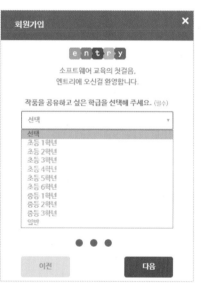

회원가입 창 첫 번째 페이지에서 동의 후 아이디와 비밀번호를 조건에 맞춰 입력하고, 학급과 성별을 입력하여 회원가입을 완료합니다(이메일은 선택이니 꼭 입력하지 않아도 됩니다).

기본 구성 살펴보기

회원가입 후 아이디와 비밀번호를 입력해 로그인을 한 후 마우스를 엔트리 로고가 있는 상단에 올리면 다음과 같이 메뉴들이 나타납니다.

❶ **학습하기** : 엔트리 학습을 위한 기본 교육 자료와 오픈 강의를 제공합니다.

❷ **만들기** : 새로운 작품을 만들어 저장하고 저장한 작품을 불러와서 다시 수정할 수 있습니다.

❸ **공유하기** : 내가 만든 작품을 공유하거나 다른 사람이 만들어 공유한 작품을 볼 수 있습니다.

❹ **커뮤니티** : 여러 게시판들을 통해 다른 사람들과 의견을 나눌 수 있습니다.

❺ **마이 페이지** : 내가 만들어 저장한 작품들을 관리할 수 있습니다.

❻ **나의 학급** : 학급방을 만들거나 선생님이 만든 학급방에 참여해 학습을 할 수 있습니다.

이제 메뉴의 [만들기]-[작품 만들기]를 클릭하여 만들기 환경을 살펴볼까요?

기본 구성 살펴보기

엔트리의 작품 만들기 화면은 크게 5개의 영역으로 구성되어 있습니다.

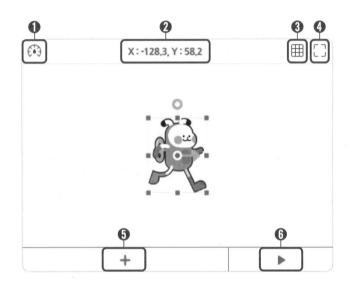

01 실행 화면

실제 코딩한 작품을 확인할 수 있는 화면입니다.

❶ 실행 속도를 조절할 수 있습니다.
❷ 선택된 오브젝트의 좌표값을 나타냅니다.
❸ 실행 화면 위에 좌표값을 보여줍니다.
❹ 작품을 큰 화면으로 볼 수 있습니다.
❺ 오브젝트를 추가합니다.
❻ 작품이 실행됩니다.

02 오브젝트 목록

실행 화면 하단에 오브젝트 목록을 보여줍니다.

❶ 눈 모양 아이콘(◉)은 오브젝트를 숨기거나 보이게 할 수 있습니다. 자물쇠 아이콘(🔒)은 실행 화면에서 오브젝트를 변경하지 못하도록 잠금 기능을 합니다.
❷ 오브젝트 모양이나 이름을 클릭하면 해당 오브젝트가 선택되고 세부 속성값(방향, 회전방식, 크기 등)이 보입니다.
❸ 오브젝트를 삭제합니다.
❹ 클릭한 상태로 드래그하면 실행 화면과 오브젝트 목록 크기를 조절할 수 있습니다.

03 블록 꾸러미

작품을 만들기 위한 블록들이 모여 있는 영역입니다.

❶ 12개의 메뉴와 140여개의 블록들이 있고
이 블록들을 블록 조립소로 드래그하여 가져다
조립할 수 있습니다.

❷ 오브젝트의 모양을 추가하거나 변경합니다.

❸ 소리를 추가하거나 변경할 수 있습니다.

❹ 변수, 신호, 리스트, 함수를 추가하거나 수정할 수
있습니다.

오브젝트 목록 좌측의 [도움말(?)] 탭을 선택한
후에 블록 꾸러미의 블록을 클릭하면 해당 블록의
기능을 친절하게 설명해줍니다.

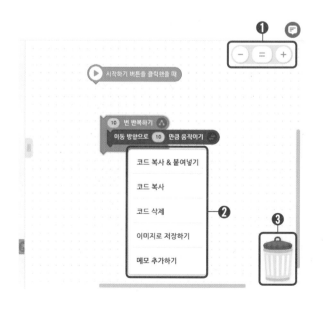

04 블록 조립소

블록 꾸러미에서 가져온 블록들을 조립하여
작품을 만듭니다.

❶ 블록 조립소 화면을 확대/축소합니다.

❷ 블록 위에 마우스 포인터를 놓고 마우스 우측 버튼
을 눌러 [복사], [삭제], [이미지로 저장], [메모 추가]
등의 기능을 사용할 수 있습니다.

❸ 블록들을 삭제하려면 우측 하단 휴지통으로 블록을
가져다 놓으면 됩니다. 블록 꾸러미쪽으로 가져다
놓거나 Delete 를 눌러 삭제할 수도 있습니다.

05 상단 메뉴

상단 메뉴에는 여러 기능들이 있는데 그중 중요한 기능들만 살펴보겠습니다.

❶ 엔트리 로고 옆 입력란에서 작품의 이름을 입력하고 수정할 수 있습니다.

❷ [파일] 메뉴를 눌러 작품을 새로 만들거나 온/오프라인 작품을 불러올 수 있습니다.

❸ [저장하기] 메뉴를 눌러 작품을 저장하거나 복사본으로 저장 그리고 내 컴퓨터에 저장할 수 있습니다.
[저장하기]를 통해 저장된 작품은 [마이 페이지]에서 확인할 수 있습니다.
※ 작품을 만들면서 가끔씩 [저장하기]를 눌러 주는 습관을 들이는 것이 좋습니다.

❹ 좌우 화살표 메뉴 중 좌측 화살표(입력 취소)는 작업한 내용을 이전으로 하나씩 되돌리고, 우측 화살표(다시
실행)는 되돌린 블록을 다시 하나씩 실행하는 기능입니다. 많은 블록들을 조립하다 보면 실수로 지우거나 잘
못 조립한 경우 유용하게 사용하는 기능입니다.

엔트리의 장점 중 하나는 [장면] 기능인데 한 작품안에서 여러 장면들을 구성할 수 있습니다. [장면] 탭의
[+] 버튼을 눌러 장면을 추가할 수 있고 기존 장면을 복제할 수도 있습니다. 게임을 구성할 때 인트로 화면
장면과 실제 게임 장면 그리고 게임 오버와 엔딩 장면 등으로 구성하여 활용하기 좋은 기능입니다. 게임 작
품을 만들면서 자연스럽게 장면의 기능을 이해하게 됩니다.

오브젝트 살펴보기

한 오브젝트를 선택하면 위와 같은 화살표와 점들이 표시되는데 오브젝트가 움직임에 있어 매우 중요한 요소들이면서 자주 혼동을 주는 부분이기도 합니다.

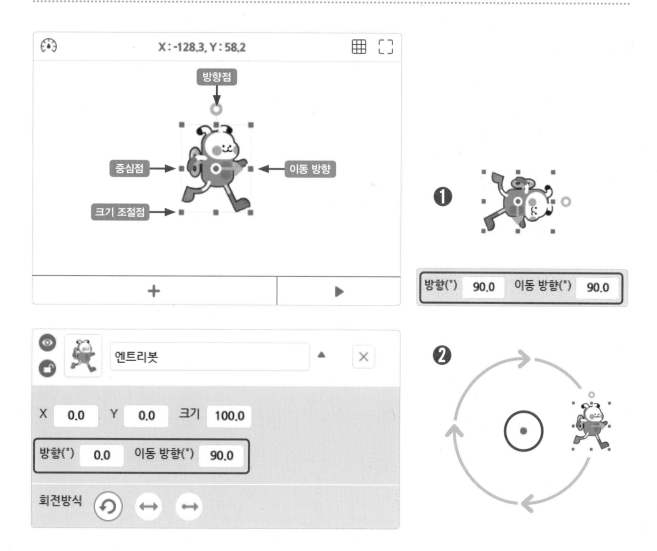

먼저, 오브젝트 중앙에서 오른쪽으로 되어있는 화살표는 오브젝트가 이동하기 위한 이동 방향을 나타내는데 위쪽 0도 기준으로 90도를 기본값으로 합니다. 오브젝트 모양 위에 있는 점은 방향점으로 오브젝트의 방향을 나타내는데 기본은 0도입니다. 이 방향값을 0에서 90으로 변경하면 오브젝트가 오른쪽으로 90도 회전합니다. 이때, 이동 방향은 그대로 90이지만, 오브젝트의 방향점을 기준으로 90도임으로 아래쪽을 향하고 있습니다. 중심점은 오브젝트의 가장 가운데 있게 되는데 이 중심점을 변경하면 방향 회전 시 변경된 중심점을 기준으로 회전합니다.

Apple Hunter

CHAPTER 01

무작위로 회전하는 과녁판(행성)에 칼을 발사해 사과를 정확하게 맞추는 게임입니다.

◉ **난이도** : ★★☆☆☆

◉ **주요 학습 포인트** : #회전 #변수 #무작위(랜덤) #복제 #글쓰기

작품 설명

● Apple Hunter ●

모바일 게임 중 나이프 히트(Knife hit)를 아이들이 즐겨하는 것을 보고 엔트리로 심플한 버전을 제작하였습니다. 본 작품을 만들면서 오브젝트의 회전과 무작위 수(랜덤), 변수, 복제, 글쓰기의 기능을 자연스럽게 익힐 수 있습니다.

★ 미션용 파일 : 01_AppleHunter_미션용.ent
★ 완성본 파일 : 01_AppleHunter_완성본.ent

인트로 화면에서 [START] 버튼을 누르면 게임이 시작됩니다.

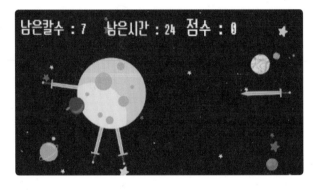

회전하는 회전판 위의 사과를 향해 스페이스바를 눌러 칼을 발사합니다.

칼 개수는 10개, 시간은 30초가 주어집니다. 칼을 모두 사용하거나 30초가 지나면 게임이 끝나고 [다시하기] 버튼이 나타납니다.

> **TIP** ·····

엔트리를 처음 접하는 학생들은 먼저 엔트리 기본 블록과 오브젝트들을 자유롭게 조립해보는 시간을 갖게 해주는 것이 좋습니다. 본 작품으로 수업 시 학생들의 수준에 따라 60~90분 정도 소요됩니다.

생각 열기

회전과 각도

오브젝트를 회전시키기 위해서는 각도와 방향을 알아야 합니다. 오브젝트의 방향 기본 각도는 0도입니다.
0도는 위쪽이며, 시계 방향(오른쪽)으로 회전할 경우 90도가 오른쪽, 180도가 아래쪽, 270도가 왼쪽이 되고,
한바퀴를 돌면 360도 즉, 0도로 다시 돌아옵니다. 만약, 오브젝트를 오른쪽으로 계속 회전시키려면 아래와
같이 방향을 1만큼 회전하는 것을 반복하면 됩니다. 그럼, 왼쪽으로 회전하게 하려면 어떻게 해야 할까요?
방향을 −1만큼 회전하도록 하면 됩니다.

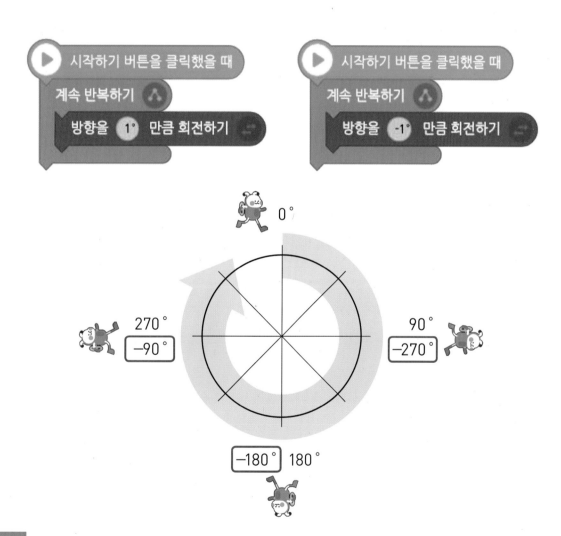

TIP

방향과 이동 방향은 다릅니다. 이동 방향은 오브젝트가 움직이는 방향이고, 방향은 오브젝트가 회전하는 방향입니다. 마이너스
(−) 각도를 주게 되면 반대로 회전하니까 위 그림처럼 −90도가 270도와 같고, 90도가 −270도와 같게 됩니다.

학습 포인트

엔트리 기본 블록 꾸러미

블록 꾸러미의 각 메뉴들은 각각의 색상이 있습니다. 어떤 블록이 어느 위치에 있는지 찾기 어렵다면 우선, 메뉴의 색상을 비교해 찾아보고 지문으로 주어질 경우는 어떤 블록일지 다음과 같이 생각해보는 연습을 해 보세요.

블록을 시작할 때는 언제나 '시작' / 시작 메뉴는 녹색 / ~ 했을 때는 시작 / 신호랑 장면도 시작!

가장 많이 사용하게 될 흐름은 파랑 / 반복과 만일 ~라면은 흐름 / 복제도 흐름! / 기다리기도 흐름!

만일라면 맛있겠다~

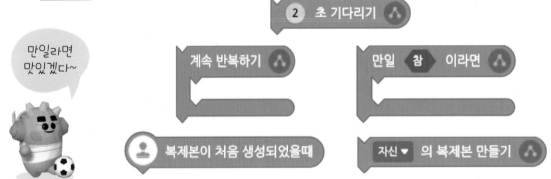

오브젝트를 움직이게 하는 건 당연히 움직임이지 / 움직임은 보라 / ~움직이기와 X좌표 Y좌표는 움직임! / 방향과 이동 방향도 움직임

블록 조립 방법 연습

블록을 찾아 조립하는 방법을 미션 지문 예시로 한 번씩 생각해볼까요?
천천히 블록의 기능을 생각하면서 메뉴를 찾는 연습을 해보겠습니다.

🎮 **복제본이 처음 생성되었을 때** 〈 복제는 흐름

'x: 100 y: 0' 위치로 이동한 후 〈 이동이니까 움직임

모양을 보이고, 〈 모양이니 생김새

'0.1'초 기다린다. 〈 기다리는 건 흐름

'계속 반복하기' 블록 안에서 〈 반복은 흐름

만일 [스페이스] 키를 누르면 〈 만일은 흐름, 누르는 건 판단

[전자신호음1]을 재생하고 〈 재생이니까 소리

[칼수]에 '1'만큼 더하고 〈 변수니까 자료

'0.2'초 동안 'x: −170 y: 0'만큼 움직인다. 〈 움직이니까 움직임

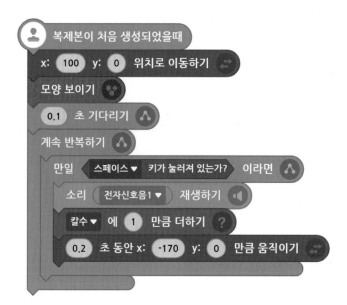

TIP

변수와 리스트, 신호, 소리 등의 이름은 구별하기 쉽게 미션 지문에서 [ ] 괄호 안에 넣어 표시하고 있습니다.

작품 주요 블록

이번 작품에서 사용할 주요 블록들을 먼저 살펴볼까요? 블록들의 기능을 생각해보면서 가벼운 마음으로 익혀 보세요.

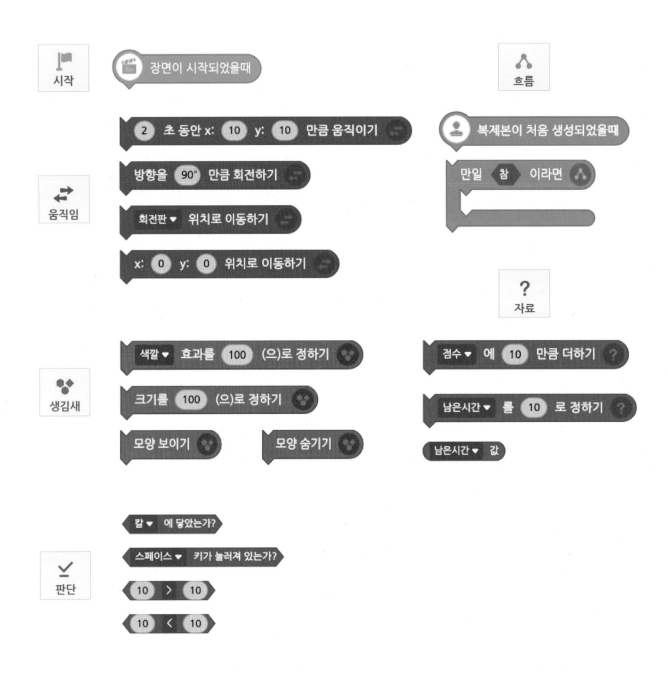

따라하기

회전판 천천히 회전시키기

이제 작품의 미션용 파일을 열어 첫 작품을 만들어 보겠습니다. 우측 상단에는 장면 이름과 오브젝트가 표시되어있으니 항상 확인하고 해당 오브젝트를 선택 후 코딩해주세요. 우선 '회전판' 오브젝트를 선택한 후 블록을 조립하면 회전판이 천천히 회전합니다.

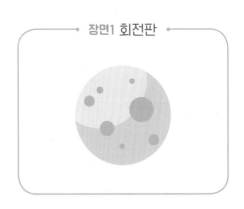

장면1 회전판

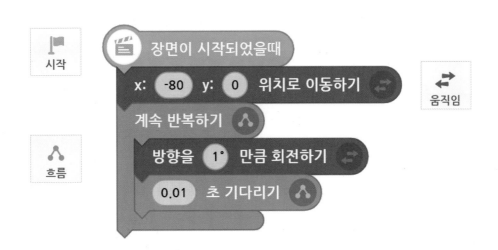

시작	장면이 시작되었을때
움직임	x: -80 y: 0 위치로 이동하기
흐름	계속 반복하기
	방향을 1° 만큼 회전하기
	0.01 초 기다리기

TIP

미션용 파일을 불러오기 한 후에는 상단의 작품 이름을 나만의 작품명으로 변경 후 저장해주세요. 저장한 후에는 [마이 페이지]에서 불러올 수 있답니다.

회전판에 붙어 같이 회전시키기

'사과' 오브젝트를 선택합니다. 다음과 같이 블록을 조립하여 실행하면 사과가 회전판을 따라 같이 회전합니다.

장면1 사과

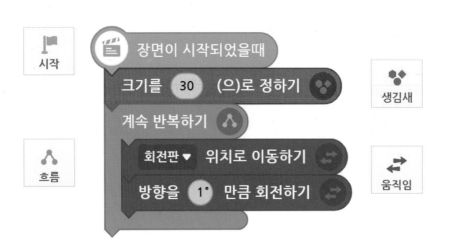

TIP

오브젝트는 각각 중심점이 있습니다. 기본 중심점은 오브젝트의 정중앙에 있어서 회전할 경우 회전판처럼 제자리에서 움직이지만, 사과는 중심점을 회전판 중심에 두면 회전판에 붙어 회전합니다.

여기
내가 중심점

미션 ★ Text mission

제목 효과 주기

이제 첫 미션을 수행해볼까요? '제목' 오브젝트를 선택합니다.
이 오브젝트는 글상자 오브젝트로 [글상자] 탭을 가지고 있습니다.

장면1 제목

가

시작

🎮 장면이 시작되었을 때

모양을 숨기고,
'2'초 기다린 후
'x: 500 y: 0' 위치로 이동하고,
모양을 보인다.
[전자신호음2]를 재생하고,
'0.5'초 동안 'x: −500 y: 0'만큼 움직이고,
'0.5'초 동안 'x: 100 y: 0'만큼 움직인다.

TIP

엔트리 실행 화면의 좌표 범위는 가로축 x좌표 왼쪽 '−240'에서 오른쪽 '240'이고, 세로축 y좌표 아래 '−135'에서 위 '135'입니다.
실행 화면 위로 마우스를 천천히 움직여 보면서 실행 화면 상단의 좌표값이 어떻게 변화하는지 살펴보세요.

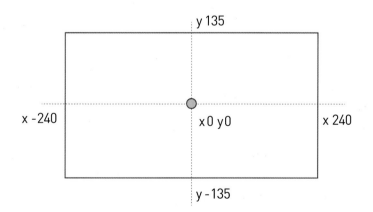

미션 확인

제목 효과 주기

첫 미션을 지문만으로 아래 블록처럼 조립했나요? 미션 다음 페이지에 확인 블록이 있지만, 가능한 블록을 보지 않고 미션을 수행하려고 노력해보세요.

장면1 제목

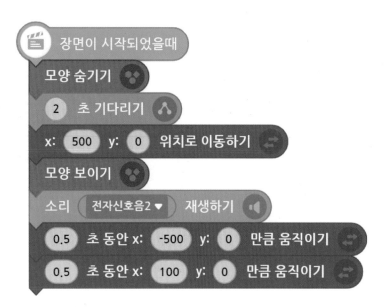

블록 조립을 완료한 후 실행하여 제목이 오른쪽에서 왼쪽으로 나타나는지 확인해보세요.
좀 더 멋지게 인트로 화면을 꾸미고 싶다면 나만의 방법으로 코딩해보세요.

TIP

실행 화면의 가장 오른쪽 x좌표값이 '240'인데 '제목' 오브젝트의 x좌표를 '500'으로 하는 이유는 좌표가 오브젝트의 중심점이므로 충분히 오른쪽으로 이동시켜서 보이지 않게 하기 위해서입니다.

미션 ★ Text mission

무작위 각도로 회전하기

이제 [장면2]를 선택한 후 '회전판' 오브젝트를 클릭합니다. 장면
이 여러 개일 경우는 '장면이 시작되었을 때' 블록을 사용합니다.

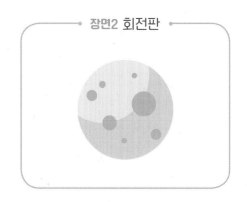

장면2 회전판

🎮 **장면이 시작되었을 때**

'x: −80 y: 0' 위치로 이동하고 방향을
[회전각] 값만큼 회전하는 것을 계속 반복한다.

🎮 **장면이 시작되었을 때**

'2'초 기다린 후
[회전각]을 '−5부터 5사이의 무작위 수로
정하는 것을 계속 반복한다.

힌트

'변수'는 [자료] 메뉴에, '무작위 수'는 [계산] 메뉴에 있습니다.

| 회전각 ▼ 값 | 회전각 ▼ 를 10 로 정하기 ? | 0 부터 10 사이의 무작위 수 |

TIP

오브젝트를 선택할 때는 실행 화면의 오브젝트를 선택해도 되지만 가능한 오브젝트 목록에서 클릭하여 선택하는 것이 좋습
니다. 기본 좌표를 블록으로 설정해놓지 않을 경우 위치가 변경될 수 있기 때문입니다.

미션 확인

무작위 각도로 회전하기

회전판이 오른쪽 왼쪽으로 불규칙하게 회전하나요? [회전각]이라는 변수를 2초 단위로 −5에서 5 사이 무작위 수를 주면 −5, −4, −3, −2, −1, 0, 1, 2, 3, 4, 5 값 중 하나가 선택됩니다. 마이너스(−)일 때는 왼쪽으로, 아닐 때는 오른쪽으로 회전하게 되고 값이 클 수로 빠르게 회전하게 됩니다. 그럼 0일 때는 어떻게 될까요? 2초 동안 멈춰있게 돼요.

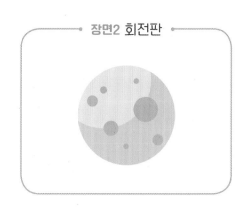

장면2 회전판

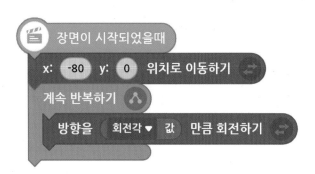

불규칙하게 회전하되 회전각이 0이 되지 않도록 하려면 어떻게 해야 할까요?
스스로 생각해보고 도전해보세요.

미션 ★ Text mission

사과 회전하기

[장면2]의 '사과' 오브젝트를 클릭합니다. [장면1]에서 사과를 회전
시킨 블록을 복사해서 사용하면 좋겠죠? 회전판에 붙어 사과도
회전판과 같이 회전하는지 확인하세요.

장면2 사과

🎮 장면이 시작되었을 때

크기를 '30'으로 정한다.
[회전판] 위치로 이동하고,
방향을 [회전각] 값만큼 회전하는 것을 계속 반복한다.

TIP

블록 복사하기

[장면1]의 '사과' 오브젝트로 돌아가서 장면이 시작되었을 때 블록 위에서 마우스 우측 버튼을 클릭하여 메뉴 박스가 나오면
[코드 복사]를 클릭합니다. 다시 [장면2]의 '사과' 오브젝트를 선택한 후 빈 곳에 마우스 우측 버튼을 클릭하여 메뉴 박스가 나
오면 [붙여넣기]를 클릭합니다.

복사를 하다가 잘못 눌러 삭제가 됐거나 다른 곳에 붙여넣기를 했다면 당황하지 말고 우측 상단의
[입력 취소] 버튼을 누르면 됩니다. Ctrl + Z 를 눌러도 동일한 효과를 냅니다.

미션 확인

사과 회전하기

자, 이제 회전판에 사과가 붙어 불규칙하게 잘 회전하는 걸 확인했나요? 간혹 네트워크 문제 등으로 이제까지 조립한 블록이 사라질 수 있으니 자주 저장하는 습관을 들이는 것이 좋습니다!

장면2 사과

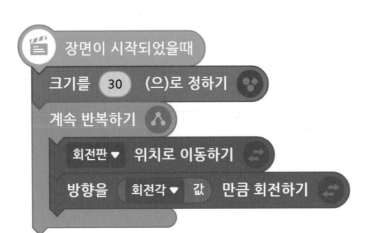

```
장면이 시작되었을때
크기를 30 (으)로 정하기
계속 반복하기
    회전판 ▼ 위치로 이동하기
    방향을 회전각 ▼ 값 만큼 회전하기
```

TIP

새로운 블록들을 꺼내 조립하지 않고 바로 변경할 수 있는 블록들이 있습니다. 이런 기능을 잘 활용하면 좀 더 쉽고 빠르게 코딩할 수 있답니다. 효과나 변수값 옆의 역삼각형(▼)을 누르면 선택할 수 있는 목록들이 나타나 다른 값이나 항목으로 변경할 수 있습니다. 두 값의 크고 작음을 나타내는 부등호도 기호 부분을 클릭하면 선택할 수 있는 부등호 기호들이 나와 변경할 수 있습니다. 사칙연산 기호도 마찬가지 방법으로 선택하여 변경할 수 있답니다.

색깔 ▼ 효과를 10 만큼 주기	남은시간 ▼ 값	10 = 10	10 + 10
색깔	남은시간	=	+
밝기	점수	>	-
투명도	칼수	<	x
	회전각	≥	/
		≤	

미션 ★★★
Smart mission

칼 날아가는 효과 주기

[장면2]의 '칼' 오브젝트를 선택합니다. 스페이스바를 누르면 칼이 발사되어 회전판에 꽂히도록 하는 기능을 구현합니다. 장면이 시작되면 우측과 같이 복제본을 만드는 블록이 있습니다. 복제본을 만들었다면 반드시 '복제본이 처음 생성되었을 때' 블록을 조립해야 합니다. 둘은 세트라고 생각하세요. 실행하여 스페이스바를 눌렀을 때 칼이 발사되고 회전판을 따라 회전하는지 확인하세요.

장면2 칼

🎮 복제본이 처음 생성되었을 때

칼이 보여지고,
[스페이스] 키를 누르면 발사되어
회전판에 꽂힌 후
회전판을 따라 돌아가게 한다.

칼이 발사된 후 [칼수]는 '1'씩 줄어야 하고
'0'이 되면 복제되지 않아야 한다.

힌트

칼의 시작 위치는 'x: 100 y: 0'입니다. 칼이 이동할 때 사용하는 블록은 다음과 같이

0.2 초 동안 x: -170 y: 0 만큼 움직이기

'0.2'초 동안 '-170'만큼 움직이도록 합니다. 발사된 후 [칼수]가 0보다 크다면 복제본을 만듭니다.
회전판에 꽂힌 후에는 회전판에 붙은 채로 사과와 동일하게 회전해야 합니다.

미션 확인 ▼

칼 날아가는 효과 주기

다소 어려운 스마트 미션이였는데 잘 완성했나요?
기능을 다 구현하지 못했더라도 최대한 비슷하게 만들어 보는
연습이 중요합니다.

장면2 칼

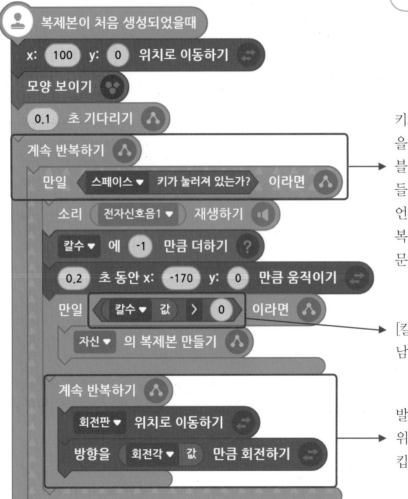

키보드나 마우스를 클릭하는 기능을 만들 때는 항상 '계속 반복하기' 블록 안에 '만일 ~이라면' 블록이 들어간다고 생각하세요. 왜냐하면 언제 키가 눌려질지 모르니 계속 반복하면서 조건을 체크해야 하기 때문입니다.

[칼수]가 0보다 클 경우에만 즉, 칼이 남아있을 때만 복제본을 만듭니다.

발사된 후 회전판을 따라 회전하기 위해 사과와 동일한 형태로 회전시킵니다.

TIP

칼이 발사되는 것을 응용하여 다음 칼이 좀 더 빨리 발사되도록 하려면 어떻게 해야 할지 생각하고 변경해보세요. [칼수]의 설정값은 가장 하단의 '배경' 오브젝트에 있으니 값을 늘려서도 해보는 시간을 갖도록 하는 것도 좋습니다.

미션 ★ Text mission

칼에 닿았을 때 효과 주기

'사과' 오브젝트를 선택합니다. 이제 칼이 사과를 맞추면 색깔 효과를 주고 숨겼다가 다시 나타나도록 합니다. 실행하여 칼이 사과에 닿으면 색깔이 변하고 사라졌다가 다시 보이는지 확인해 보세요.

장면2 사과

🎮 **장면이 시작되었을 때**

'계속 반복하기' 블록 안에서
만약 [칼]에 닿았다면
[색깔] 효과를 '50'으로 정하고
'0.5'초 후에 모양을 숨기고
'1'초 후에 [색깔] 효과를 '100'으로 정하고
모양을 보인다.

TIP

오브젝트의 생김새 효과는 색깔, 밝기, 투명도가 있습니다. 색깔 효과는 기본값이 '100'으로 원래 오브젝트 색상을 의미합니다. 색깔은 오브젝트마다 고유의 색상이 있음으로 그에 따라 효과가 적용된 색상이 달라집니다. 밝기와 투명도는 기본값이 '0'이고, 최대값이 '100'입니다. 투명도를 '100'으로 정하면 오브젝트가 보이지 않게 됩니다. 효과 블록은 '정하기'와 '주기', 이렇게 2가지가 있습니다. '정하기'는 설정된 값으로 고정되고 '주기'는 현재 효과값에서 설정한 값만큼 더해집니다. 예를 들어, 반짝이는 효과를 줄 때 효과를 '50'만큼 주기 후 '−50'만큼 주기 형태로 사용할 수 있습니다.

색깔 ▼ 효과를 10 만큼 주기 🎨

> 색깔
> 밝기
> 투명도

색깔 ▼ 효과를 100 (으)로 정하기 🎨

색깔 ▼ 효과를 10 만큼 주기 🎨

미션 확인

칼에 닿았을 때 효과 주기

칼을 발사해 사과에 명중시켜 보세요. 사과가 색깔이 바뀌면서 사라집니다. 그런데, 1초 후에 다시 그 자리에 나타나게 됩니다. 모양을 숨겼다가 다시 보여지게 했기 때문이죠.

- 장면이 시작되었을때
- 계속 반복하기
  - 만일 〈칼▼에 닿았는가?〉 이라면
    - 색깔▼ 효과를 50 (으)로 정하기
    - 0.5 초 기다리기
    - 모양 숨기기
    - 1 초 기다리기
    - 색깔▼ 효과를 100 (으)로 정하기
    - 모양 보이기

장면2 사과

미션 ★ Text mission

사과에 닿았을 때 효과 주기

이제 '칼' 오브젝트를 선택하여 사과에 닿았을 때 사과처럼 칼도 사라지게 해야 합니다. 실행하여 칼이 사과에 닿으면 사과와 같이 칼도 사라지는지 확인해 주세요.

장면2 칼

복제본이 처음 생성되었을 때

'계속 반복하기' 블록 안에서
만약 '사과'에 닿았다면
[점수]를 '10'씩 주고,
[전자신호음2]를 재생하고
'1'초 후에 이 복제본을 삭제한다.

이제 게임이 거의 완성이 되가는걸? 파이팅!

미션 ★ Smart mission

남은칼수와 점수 표시하기

이제 게임 위쪽에 남은칼수와 점수를 표시해볼까요?
남은칼수와 점수는 글상자 오브젝트랍니다. 글상자 오브젝트는
[붓] 탭이 사라지고 [글상자] 탭이 보입니다.

남은칼수 : 5   남은시간 : 24   점수 : 20

🎮 **장면이 시작되었을 때**
[칼수] 변수를 이용하여
화면에 그림처럼
남은칼수가 표시되도록 하자.

🎮 **장면이 시작되었을 때**
[점수] 변수를 이용하여
화면에 그림처럼
점수가 표시되도록 하자.

| 엔트리 | 라고 글쓰기 | 가 |

가
글상자

| 엔트리 | 라고 뒤에 이어쓰기 | 가 |

| 엔트리 | 라고 앞에 추가하기 | 가 |

실행하여 남은칼수와 점수가 정상적으로 표시되는지 확인하세요.

힌트

계속 값을 변경해야 하므로

| 엔트리 | 라고 글쓰기 | 가 |

블록을 계속 반복한다.
[계산] 메뉴에 다음 블록을 이용한다.

| 남은칼수 : | 과(와) | 칼수 ▼ 값 | 를 합치기 | 라고 글쓰기 | 가 |

TIP

[블록] 탭 옆의 [글상자] 탭에서 글꼴이나 글
자 색상을 변경해보는 것이 좋습니다.

장면2 남은칼수

가

장면2 점수

가

미션 확인

사과에 닿았을 때 효과 주기

장면2 칼

'이 복제본 삭제하기' 블록 다음에는 다른 블록을 연결시킬 수 없습니다. 왜냐하면 삭제되었기 때문이죠.

남은칼수와 점수 표시하기

장면이 시작되었을때
계속 반복하기
남은칼수 : 과(와) 칼수 값 를 합치기 라고 글쓰기 가

장면2 남은칼수

가

장면이 시작되었을때
계속 반복하기
점수 : 과(와) 점수 값 를 합치기 라고 글쓰기 가

장면2 점수

가

미션 ★★ Debugging mission

남은시간 표시하기

'남은시간' 오브젝트를 선택합니다. 남은시간도 점수와 남은칼수처럼 글쓰기 하는 것은 동일합니다. 하지만 시간이기 때문에 1초마다 값을 1씩 빼서 표시해야 합니다. 아래 잘못 코딩된 곳을 올바르게 수정합니다. (수정해야 할 곳은 두 군데입니다.)

장면2 남은시간

가

이번 미션은 디버깅 미션입니다. 디버깅은 잘못 코딩된 부분을 찾아서 올바르게 고치는 것을 의미합니다.

> [남은 시간] 값이 '0'이 될 때까지
> '1'초마다
> [남은 시간]이 '1'씩 줄어든다.

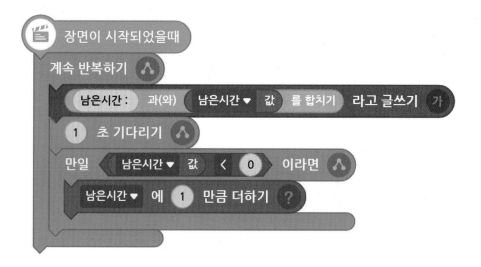

[남은시간]이 0이 될 때까지 1초마다 1씩 줄어드는지 확인해보세요.

TIP

먼저 동일하게 블록을 따라서 조립하여 실행해봅니다. 실행 결과를 보고 잘못된 부분을 찾아서 수정해나가는 과정이 중요합니다.

미션 확인

남은시간 표시하기

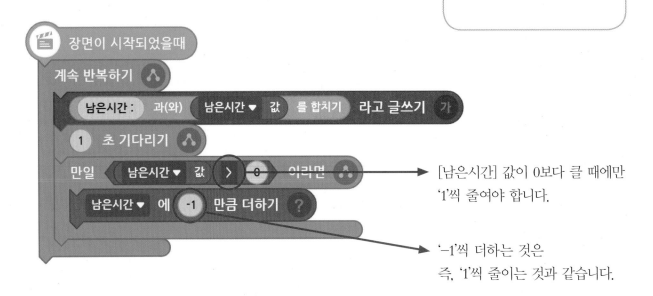

[남은시간] 값이 0보다 클 때에만
'1'씩 줄여야 합니다.

'-1'씩 더하는 것은
즉, '1'씩 줄이는 것과 같습니다.

TIP

논리 연산(Logical Operation)

주어진 조건이 참인지 거짓인지를 판별할 때 사용하며 그리고(AND), 또는(OR), 아니다(NOT)로 나뉩니다.

| 참 그리고 ▾ 참 | 참 또는 ▾ 거짓 | 참 (이)가 아니다 |

그리고(AND)는 2개의 조건이 모두 참일 경우 조건을 만족하고 또는(OR)는 2개의 조건 중
하나만 참이어도 조건을 만족합니다. 아니다(NOT)는 조건이 거짓일 경우 조건을 만족합니다.

다음과 같이 판단 조건과 비교 연산 등을 조합하여 사용할 수 있습니다.

| 스페이스 ▾ 키가 눌러져 있는가? 그리고 ▾ 점수 ▾ 값 > 0 |

2개 이상의 조건을 붙여 다음과 같이 사용할 수도 있습니다.

| 참 또는 ▾ 참 또는 ▾ 참 또는 ▾ 거짓 |

미션 ★ Blank mission

다시하기 나타내기

이번 미션은 빈칸 미션으로 빈칸에 들어갈 블록을 지문을 보고 알맞게 채워 넣으면 됩니다. 장면이 시작되면 [다시하기] 버튼 모양을 숨기고 있다가 칼을 모두 사용하거나 남은시간이 다 되었을 때 보이게 합니다.

장면2 다시하기

[칼수]가 0보다 작거나 같고
또는
[남은시간]이 0보다 작거나 같으면
[칼수]를 0이 되도록 한다.

작거나 같다 부등호는 ≤

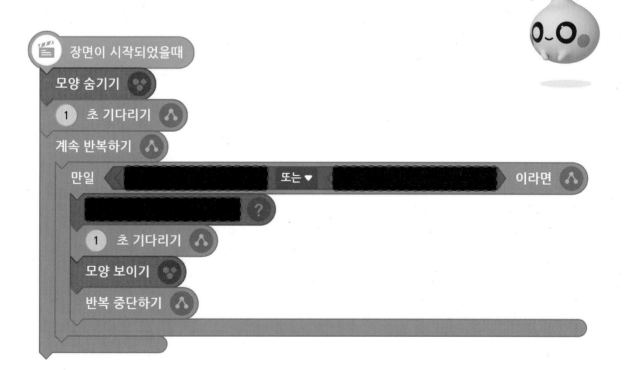

실행하여 게임이 끝나는 조건이 되면 [다시하기] 버튼이 나타나는지 확인하세요.

미션 확인

다시하기 나타내기

장면2 다시하기

다시하기

챌린지 미션 Challenge mission

좀 더 게임을 멋지게 만들고 싶다면 다음 챌린지 미션에 도전해보세요.

사과처럼 다른 과일이나 오브젝트를 추가해서 사과보다 높은 점수를 줘보자.
장면을 추가해서 더 빠르게 회전하게 하고 더 난이도 있게 구성해보자.

더 재미있는 기능을 추가해서 자신만의 작품을 만들어 공유해보세요.

정리하기

멋지게 첫 번째 작품을 완성하셨나요?
엔트리로 게임을 만드는 것이 어렵진 않았나요?
어떤 부분이 재미있었고, 어려웠는지 느낀 점을 적어보는 건 어떨까요?

- 오브젝트의 방향과 회전을 위한 각도를 이해하고 사용할 수 있습니다.
- 변수를 사용해서 화면에 글쓰기를 통해 표시할 수 있습니다.
- 부등호와 조건문을 이해하고 사용할 수 있습니다.
- 오브젝트를 복제하여 사용할 수 있습니다.
- 색깔과 크기 효과를 사용할 수 있습니다.

★ MEMO ★

코딩 퀴즈

다음 알파벳들은 어떤 기준에 의해 순서대로 놓여졌습니다.
ABCDEHI 다음에 나올 알맞은 알파벳은 무엇일까요?

본 문제는 패턴 인식과 관찰력을 평가하는 문제입니다.

A B C D E H I ?

① F   ② G   ③ J   ④ K

답과 함께 왜 그렇게 생각하는지 설명을 적어주세요.

정답 : 212page

코딩 스토리

인공지능 AI Artificial Intelligence

인간의 학습과 추론, 지각, 언어의 이해 능력 등을 컴퓨터 프로그램으로 실현한 기술입니다. 인간의 지능으로 할 수 있는 사고, 학습, 자기 개발 등을 컴퓨터가 할 수 있도록 하는 방법을 연구하는 컴퓨터 공학 및 정보 기술의 한 분야로, 컴퓨터가 인간의 지능적인 행동을 모방할 수 있도록 하는 것을 인공지능이라고 합니다.

드론(무인기) 택배

자율 주행차

요리 로봇

바둑 인공지능 SW '알파고'

미로블록 탈출 대작전

귀여운 제크미 캐릭터가 닿으면 사라지는 미로블록을 따라 마지막 블록까지 도착해서
탈출하는 게임입니다.

◉ **난이도** : ★★☆☆☆

◉ **주요 학습 포인트** : #함수 #복제 #리스트 #변수 #효과

작품 설명

미로블록 탈출 대작전

학생들에게 함수와 리스트를 이해하기 쉽도록 설명해주기 위해 만들어진 게임입니다. 귀여운 제크미 캐릭터를 방향키로 조종해서 28개의 발판 블록을 빠르게 이동하여 마지막 발판에 도달해야 합니다. 머뭇거리면 발판이 사라져 버려 탈출할 수 없습니다.

★ 미션용 파일 : 02_미로블록탈출대작전_미션용.ent
★ 완성본 파일 : 02_미로블록탈출대작전_완성본.ent

인트로 화면에서 [시작하기] 버튼을 누르면 게임이 시작됩니다.

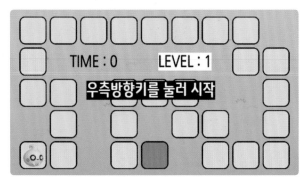

우측 방향키를 눌러 시작하고 상하좌우 방향키로 블록을 한 칸씩 이동합니다.

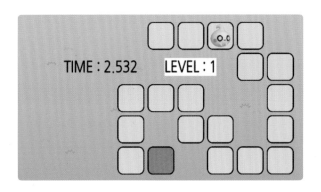

지나간 발판 블록은 일정 시간 후에 사라지고 블록이 아닌 곳으로 가면 게임이 끝나고 다시 처음부터 시작합니다. 마지막 블록에 도착하면 다음 레벨로 넘어갑니다. 레벨이 올라갈수록 블록이 사라지는 속도가 빨라집니다.

> **TIP**
>
> 먼저 게임 작품을 보여준 후 어떻게 만들 수 있을지 생각해보고, 각자의 의견을 이야기해보는 시간을 갖도록 해보세요.

생각 열기

변수와 리스트

변수란 무엇일까요?

밥을 담기 위해서 밥그릇이 필요하듯이 어떤 값을 저장하기 위해서는 컴퓨터 내에 그릇 역할을 할 공간이 필요합니다. 게임을 할 때 점수를 표시하기 위해 그 점수 값을 저장해주는 것이 변수입니다. [점수]라는 변수에 처음 '0' 값을 넣어두고 적을 물리칠 때마다 [점수] 값을 '100'씩 더해주고 그 값을 표시해주면 되겠죠. 마찬가지로 게임 작품 안에서 특정한 조건이 만족할 때 값이 변해야 하는 것들은 변수로 저장해서 사용하면 됩니다.

밥그릇·접시·물컵 ●▶ 변수
밥·반찬·물 ●▶ 값

그럼, 리스트는 무엇일까요?

변수의 특징 중 하나는 하나의 변수에 하나의 값만 저장할 수 있다는 건데요. 같은 속성의 변수가 여러 개 필요하다면 어떻게 해야 할까요? 예를 들어, 게임 마지막 장면에 친구들 점수를 기록하는 랭킹 기능을 만든다고 생각해볼까요? 친구 이름과 점수를 저장할 변수가 필요하겠죠. 그런데 [이름], [점수] 이렇게 변수를 2개 만들면 한 명의 이름과 점수밖에 저장할 수 없어요. 그럼 100명의 이름과 점수를 저장하려면 100개의 이름 변수와 100개의 점수 변수가 필요하고, 필요할 때마다 변수를 또 만들어 줘야 하겠죠? 이럴 때 사용하는 것이 리스트랍니다. 리스트는 같은 속성 값을 여러 개 저장할 수 있습니다. 그래서 [이름]이라는 리스트와 [점수]라는 리스트를 만들면 1등의 이름은 '[이름]의 1번째 값', 100등의 점수는 '[점수]의 100번째 값'으로 저장하고 가져와서 사용할 수 있습니다.

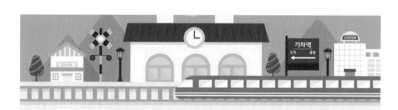

기차 ●▶ 리스트
기차 1호 ●▶ 리스트 1번째
기차 2호 탄 사람 ●▶ 리스트 2번째 값

학습 포인트

엔트리의 기본 블록 꾸러미

블록 꾸러미의 각 메뉴들은 각각의 색상이 있다고 했습니다. 이번에는 생김새, 판단, 계산, 자료의
주요 블록들을 보면서 가볍게 익혀보세요.

색깔, 밝기, 투명도 효과와 크기 / ~ 모양이 나오면 생김새!

~에 닿았는가? / 눌러져 있는가? / ~ 부등호 ~ / 그리고 / 또는이 나오면 판단!

더하기 / 빼기 / 나누기 / 곱하기 / 무작위 수 / 초시계 / 합치기는 계산!

만큼 더하기 / 정하기 / 변수값 / 리스트의 '항목이 나오면 자료!

블록 조립 방법 연습

블록을 찾아 조립하는 방법을 미션 지문 예시로 연습해봅니다.
천천히 블록의 기능을 생각하면서 눈으로 지문을 읽고 아래 블록과
맞춰보세요.

'만큼 더하고',
'정하고'는
변수구나~

미션 지문 예제

🎮 **장면이 시작되었을 때** ⟨ 시작이니까 시작

[발판순서]를 '0'로 정하고 ⟨ 변수니까 자료

초시계를 초기화한다. ⟨ 초시계는 계산

[발판순서]에 '1'만큼 <u>더하고</u> ⟨ 변수니까 자료

자신의 복제본 <u>만드는 것을</u> ⟨ 복제는 흐름

[발판X] 항목 수가 [발판순서] 값과 같아질 때까지 <u>반복한다</u>. ⟨ 반복은 흐름

TIP

이런 지문의 경우 끝까지 정확하게 읽고 이해해야 합니다. 문장의 끝 밑줄 부분만 보면 '더하고',
'만드는 것을', '반복한다.'이므로 반복문 안에 2개의 명령 블록이 들어가겠구나!라고 생각하세요.

```
🎬 장면이 시작되었을때
발판순서▼ 를 0 로 정하기 ?
초시계 초기화하기▼ 🎛
◁ 발판X▼ 항목 수 = 발판순서▼ 값 ▷ 이 될 때까지▼ 반복하기 ⋀
    발판순서▼ 에 1 만큼 더하기 ?
    자신▼ 의 복제본 만들기 ⋀
```

'발판X 항목 수'는 [발판X]의 값이 여러 개여서 몇 개의 값이 들어있는지 확인하기 위한 블록으로
[발판X]는 변수가 아닌 리스트라는 걸 알 수 있습니다.

따라하기

제크미 점프 동작하기

장면1 제크미

이제 작품의 미션용 파일을 열어 작품을 만들어 볼까요? 우측 상단에는 장면 이름과 오브젝트가 표시되어 있으니 항상 확인하고 해당 오브젝트를 선택 후 코딩해주세요. '제크미' 오브젝트를 선택한 후 위아래로 점프하는 모양을 만듭니다.

시작

계산

흐름

움직임

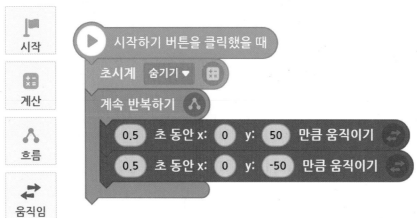

시작하기 버튼을 클릭했을 때

초시계 숨기기 ▼

계속 반복하기

0.5 초 동안 x: 0 y: 50 만큼 움직이기

0.5 초 동안 x: 0 y: -50 만큼 움직이기

실행하여 제크미가 위아래로 가볍게 점프하는 모양으로 움직이는지 확인하세요.

TIP

x좌표와 y좌표의 개념을 다시 한번 상기시키고 값을 변경해보세요.

레벨 표시하기

[장면2]로 가서 '레벨' 오브젝트를 선택한 후 아래의 블록을 따라 조립해보세요.

장면2 레벨

가

계산

?
자료

이 부분은 키보드로 입력하세요.

미션 ★ Text mission

시간 표시하기

이제 '시간' 오브젝트를 선택합니다. 레벨처럼 초시계를 텍스트로 반복적으로 표시하도록 할 거예요.

장면2 시간

가

🎮 **장면이 시작되었을 때**

'x: -100 y: 50' 위치로 이동한 후 '1'초 기다린다.
'TIME: 과 [초시계 값]을 합치기'라고 글쓰기하고,
'0.1'초 기다리는 것을 계속 반복한다.

레벨처럼 [계산] 메뉴에 있는 합치기와 초시계 값 블록을 이용하면 된다구~

0.0

(안녕!) 과(와) (엔트리) 를 합치기   초시계 값

아직 초시계를 시작하지 않았기 때문에 "TIME : 0"으로 표시되는 것만 확인해주세요.

미션 확인

시간 표시하기

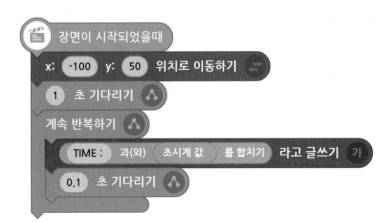

장면2 시간

가

TIP

비교 연산 (Comparison Operation)

2개의 값이 크고 작음과 같은지를 비교하는 연산입니다. 변수를 특정 숫자 값과 비교를 할 경우 변수를 왼쪽에 배치하는 습관을 들이는 것이 좋습니다. 이해를 돕기 위해 변수를 기준으로 아래 연산 기호를 설명합니다.

〈 점수 ▼ 값 〉 10 〉
10보다 크다.

〈 점수 ▼ 값 < 10 〉
10보다 작다.

〈 점수 ▼ 값 = 10 〉
10과 같다.

〈 점수 ▼ 값 ≤ 10 〉
10보다 작거나 같다.

〈 점수 ▼ 값 ≥ 10 〉
10보다 크거나 같다.

변수값이 특정 숫자 범위 안에 드는지 체크하기 위해서 다음과 같이 사용할 수 있습니다.

〈 점수 ▼ 값 ≥ 100 그리고 ▼ 〈 점수 ▼ 값 < 1000 〉 〉
점수가 100 ~ 999이면(1000이상 1000 미만)

미션 ★★
Text mission

발판 복제 및 위치 이동하기

[장면2]의 '발판' 오브젝트를 선택합니다. 발판X와 발판Y 리스트를 이용하여 발판을 복제하는 중요한 미션입니다. 하지만 아직 리스트에 값이 없기 때문에 본 미션을 수행하더라도 발판은 보이지 않습니다. 리스트에 사용되는 블록들과 변수를 정확하게 찾아 조립하세요.

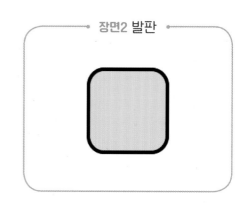

장면2 발판

🎮 장면이 시작되었을 때

'1'초 후에 [발판순서]를 '0'으로 정한다.
[발판X] 항목 수가 [발판순서]와 같아질 때까지
[발판순서]에 1만큼 더하고
[자신]의 복제본 만드는 것을 반복한다.

🎮 복제본이 처음 생성되었을 때

모양을 보인 후
'x: [발판X]의 [발판순서] 값번째 항목'
'y: [발판Y]의 [발판순서] 값번째 항목' 위치로 이동한다.

힌트

발판순서 ▼ 값

발판X ▼ 항목 수

같아진다는 조건은

10 = 10

반복 블록은

참 이 될 때까지 ▼ 반복하기

을 사용합니다.

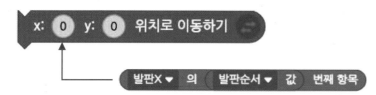

x: 0 y: 0 위치로 이동하기

발판X ▼ 의 발판순서 ▼ 값 번째 항목

TIP

조립하기 어렵더라도 최대한 변수와 블록을 직접 찾을 수 있도록 지도해주세요. 그리고 [속성] 탭의 리스트에 값을 직접 추가한 학생들이 있다면 초기화 후 다음 미션을 하도록 해주세요.

미션 확인 ▼

장면2 발판

발판 복제 및 위치 이동하기

변수와 리스트와 관련된 블록들이 많아서 좀 어려웠나요? 관련 블록들은 모두 [자료] 탭에 있다는 점과 '복제본 만들기'와 '복제본이 처음 생성되었을 때' 블록은 짝이라는 점 기억해주세요.

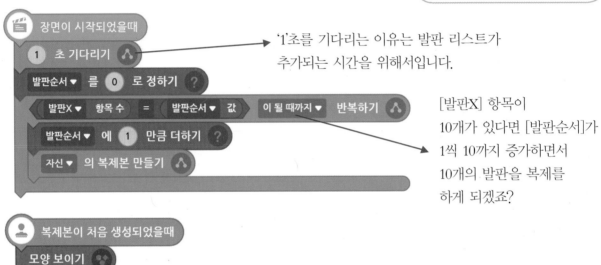

'1'초를 기다리는 이유는 발판 리스트가 추가되는 시간을 위해서입니다.

[발판X] 항목이 10개가 있다면 [발판순서]가 1씩 10까지 증가하면서 10개의 발판을 복제를 하게 되겠죠?

이제, 리스트에 값을 몇 개 추가해서 발판이 잘 보여지는 지 확인해볼까요?
다음과 같이 블록을 조립한 후 실행해서 그림과 같이 발판이 보여지는지 확인하세요.

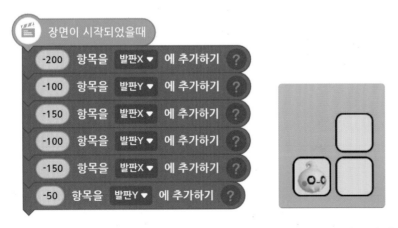

발판 3개가 나타났나요? [발판X]와 [발판Y]는 발판 하나의 좌표값이란걸 아셨겠죠?
그리고 각 발판의 간격은 가로 '50', 세로 '50'이랍니다.

따라하기

발판 리스트 추가 함수 만들기

앞서 만든 발판 하나를 만들기 위해서는 2개의 블록이 필요합니다. 이 2개의 블록을 하나의 블록으로 만들 수 있는데요. 이렇게 여러 개의 블록들을 하나의 블록으로 만들어 사용하는 것을 '함수(Function)'라고 합니다. 수학에서도 사용하는 이 함수는 코딩에서도 상당히 중요한 개념입니다. 함수를 사용하는 이유는 여러 블록들을 하나로 만들 수 있기 때문이기도 하지만 여러 곳에서 동일하게 사용되는 블록들을 함수로 만들어 사용하게 되면 수정할 일이 생겼을 때 이 함수의 블록만 바꿔주면 됩니다. 이렇게 함수를 잘 사용하면 편리하겠죠?

먼저, [함수] 메뉴를 선택합니다.
[함수 만들기] 버튼을 누릅니다.

좌측에 [이름], [문자/숫자값], [판단값] 블록이 보이고 조립소에 '함수 정의하기' 블록이 나타납니다. 좌측의 블록을 아래와 같이 가져와 조립해보세요.

그 다음 각 함수 이름과 입력값 이름을 다음과 같이 변경합니다.

이제 함수에서 정의할 블록들을 다음처럼 조립합니다.

함수에서 2개의 입력값 x, y를 받아 실행하기 때문에 함수 블록에 있는 [문자/숫자값1]과 [문자/숫자값2]를 각각 블록에 맞게 조립합니다.

[확인] 버튼을 누르면 '발판' 함수가 생성됩니다.

함수로 발판 29개 만들기

기존의 블록을 만들어진 '발판' 함수로 대체해서 잘 동작하는지 사용해볼까요?

장면2 발판

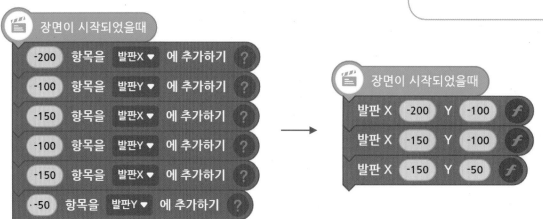

이제 나머지 26개의 발판을 만들어야 합니다. 좀 놀랐나요? 이번 미션은 고도의 집중력이 필요합니다. 한 번에 끊기지 않고 연결된 발판을 만들어 보세요.

장면2 발판

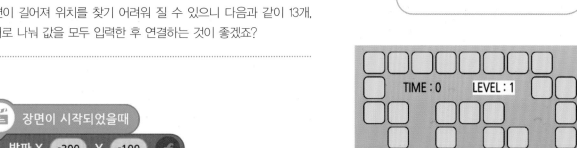

TIP

먼저 만든 3개의 블록 밑에 26개의 블록이 모두 연결돼야 합니다. 화면이 길어져 위치를 찾기 어려워 질 수 있으니 다음과 같이 13개, 13개로 나눠 값을 모두 입력한 후 연결하는 것이 좋겠죠?

흠. 코딩이란..

TIP

각자의 방법으로 집중력 있게 블록을 조립할 수 있도록 필기구로 체크하면 좋습니다. 코딩은 빨리 하는 것이 아니라 정확하게 하는 것이 중요합니다.

따라하기

제크미 이동과 시작

발판을 잘 완성하였나요? 이제, '제크미' 오브젝트를 선택합니다. 오른쪽 화살표키를 누르면 제크미가 오른쪽으로 한 칸 이동하면서 게임이 시작되도록 해보겠습니다. 아래 블록을 잘 따라 작성한 후 실행해보세요.

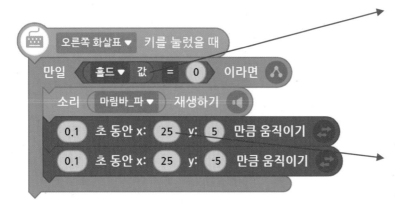

[초시계 값]이 '0'일때만 [시작] 신호를 보내고 신호를 받으면 [초시계 값]이 올라갑니다.

[홀드] 값이 '0'일 때만 제크미가 움직이도록 합니다. 움직이지 않도록 해야 할 경우 값을 '1'로 변경합니다.

이렇게 2번 움직이는 이유는 뭘까요? y값을 5만큼 위로 가게 했다가 다시 '−5'만큼 아래로 가게 해서 점프하는 효과를 낸답니다.

실행해서 오른쪽 화살표 키를 눌러 제크미가 점프하며 오른쪽으로 한 칸 이동하는지 확인하세요.

TIP

코딩은 빨리 하려고 하면 실수를 자주하게 되고 나중에는 어디가 잘못됐는지 찾는데 더 많은 시간을 들이게 됩니다. 천천히 정확하게 코딩하는 습관이 생기길 바랄게요.

미션 ★ Smart mission

제크미 상하좌우 이동

게임이 시작되면서 제크미가 오른쪽으로 움직일 수 있게 되었습니다. 이제 같은 방법으로 왼쪽 그리고 위아래로 움직이도록 해보세요. 실행해서 상하좌우 화살표 키를 눌러 제크미가 각 방향으로 한 칸씩 이동하는 지 확인하세요.

🎮 왼쪽 화살표 키를 눌렀을 때
🎮 위쪽 화살표 키를 눌렀을 때
🎮 아래쪽 화살표 키를 눌렀을 때

제크미가 각 방향으로 '50'만큼 움직이도록 하자.
※ 위쪽은 [초시계 값]이 0보다 클 때만 움직이도록 한다.
왼쪽으로 움직일 때는 [마림바_파] 소리를 내고,
위아래로 움직일 때는 [마림바_솔] 소리를 내자.

왼쪽, 오른쪽은 x좌표,
위, 아래는 y좌표를
50씩 변경해야 한다구
위는 y를 50,
아래는 y를 -50

TIP

오브젝트를 키로 움직이게 하는 방법은 이렇게 📟 `q▼ 키를 눌렀을 때` 블록을 이용하는 방법도 있지만, [판단] 메뉴의 `q▼ 키가 눌러져 있는가?` 블록을 이용할 수도 있습니다. 이 2가지 방법은 동작에서 차이가 있는데 첫 번째 방법은 윈도우에서 키보드의 키를 눌렀을 때 내는 이벤트와 동일합니다. 첫 번째 이벤트가 발생한 후 약간의 시간이 지나서 연속해서 이벤트를 발생시킵니다. 두 번째 방법은 반복문 안에서 계속 키를 체크하기 때문에 즉각적으로 연속해서 조건문안의 명령을 실행합니다. 아래 두 블록을 실행해서 비교해보세요.

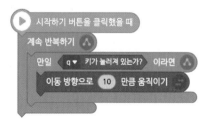

미션 확인 ▼

제크미 상하좌우 이동

장면2 제크미

왼쪽 화살표 ▼ 키를 눌렀을 때
만일 〈 홀드 ▼ 값 = 0 〉 이라면
  소리 (마림바_파 ▼) 재생하기
  0.1 초 동안 x: -25 y: 5 만큼 움직이기
  0.1 초 동안 x: -25 y: -5 만큼 움직이기

위쪽만 이 조건을 추가하는 이유는 뭘까요? 오른쪽 화살표 키를 눌러야 시작되기 때문에 먼저 위로 올라가서 오른쪽 화살표 키를 눌러 시작하는 반칙을 막기 위해서입니다.

위쪽 화살표 ▼ 키를 눌렀을 때
만일 〈〈 홀드 ▼ 값 = 0 〉 그리고 ▼ 〈 초시계 값 > 0 〉〉 이라면
  소리 (마림바_솔 ▼) 재생하기
  0.1 초 동안 x: -5 y: 25 만큼 움직이기
  0.1 초 동안 x: 5 y: 25 만큼 움직이기

아래쪽 화살표 ▼ 키를 눌렀을 때
만일 〈 홀드 ▼ 값 = 0 〉 이라면
  소리 (마림바_솔 ▼) 재생하기
  0.1 초 동안 x: -5 y: -25 만큼 움직이기
  0.1 초 동안 x: 5 y: -25 만큼 움직이기

미션 ★★
Text mission

제크미가 발판에 닿지 않았을 때

이제 제크미가 발판이 아닌 곳으로 갔을 때 효과를 주면서 다시 실행되도록 합니다. 복잡해보이나요? 생각보다 어렵지 않으니 침착하고 정확하게 조립해보세요.

🎮 [시작] 신호를 받았을 때

계속 반복하기 안에서
만일 '발판'이나 '발판_끝'에 닿지 않았다면
만일 [홀드] 값이 '0'이라면
　　[홀드] 값을 '1'로 정하고
　　크기를 '5'만큼 바꾸고
　　[색깔] 효과를 '10'으로 정하고 '0.1'초 기다린다.
　　[놀라는소리]를 재생하고
　　크기를 '−5'만큼 바꾸고 '1'초 기다린다.
　　'x: −200 y: −100' 위치로 이동하고
　　[색깔] 효과를 '0'으로 정하고
　　[홀드]를 '0'으로 정하고
　　처음부터 다시 실행한다.

힌트

이런 블록 구조로 조립합니다.

『발판 ▾ 에 닿았는가?』

닿지 않았을 때의 조건은
'닿았는가'가 '아니다'이므로,

『참 (이)가 아니다』

블록을 사용합니다.

실행해서 발판이 아닌 곳으로 이동하면 제크미가 효과를 낸 후 다시 실행되는지 확인하세요.

TIP

꼭 지켜야 하는 변수 처리와 조건 및 이벤트를 제외한 효과들은 변경할 수 있도록 해줘도 좋습니다.

미션 확인 ▼

제크미 발판 닿지 않았을 때

- 장면2 제크미 -

'발판이나 발판_끝에 닿지 않았다면'의 조건은 '발판에 닿지 않았고 발판_끝에 닿지 않았다면'으로 표현할 수도 있습니다.

시작 ▼ 신호를 받았을 때

계속 반복하기 ∧

만일 〈 발판 ▼ 에 닿았는가? 또는 ▼ 발판_끝 ▼ 에 닿았는가? 〉(이)가 아니다 이라면 ∧

　만일 〈 홀드 ▼ 값 = 0 〉 이라면 ∧

　　홀드 ▼ 를 1 로 정하기 ?

　　크기를 5 만큼 바꾸기

　　색깔 ▼ 효과를 10 (으)로 정하기

　　0.1 초 기다리기 ∧

　　소리 놀라는소리 ▼ 재생하기

　　크기를 -5 만큼 바꾸기

　　1 초 기다리기 ∧

　　x: -200 y: -100 위치로 이동하기

　　색깔 ▼ 효과를 0 (으)로 정하기

　　홀드 ▼ 를 0 로 정하기 ?

　　처음부터 다시 실행하기 ∧

▼

[홀드] 값이 '0'일 때만 효과를 주는 이유는 처음 조건이 만족되면 [홀드] 값을 '1'로 바꿔 한 번만 실행되게 하기 위해서입니다.

'처음부터 다시 실행하기' 블록도 '이 복제본 삭제하기'처럼 다음 블록을 연결할 수 없습니다.

TIP ....

여러 블록들 사이에 잘못 추가한 블록이 있어 삭제할 경우엔 해당 블록을 클릭해서 선택한 후 Delete 를 눌러 삭제할 수 있습니다.

소리 놀라는소리 ▼ 재생하기

그리기 시작하기

크기를 -5 만큼 바꾸기

1 초 기다리기 ∧

미션 ★
Blank mission

제크미가 발판 끝에 도달했을 때

이제 '발판_끝' 오브젝트를 선택합니다. 이번 미션은 빈칸 미션으로 빈칸에 들어갈 블록을 지문을 보고 알맞게 채워 넣으면 됩니다. '발판_끝'에 제크미가 도달하면 효과를 주고 레벨을 올리고 발판은 초기화하는 기능을 만듭니다.

장면2 발판_끝

🎮 장면이 시작되었을 때

'x: 0 y: −100' 위치로 이동한 후
'계속 반복하기' 블록 안에서
만일 제크미에 닿았다면
[홀드]를 '1'로 정하고
초시계를 정지한 후
[박수갈채] 소리를 '1'초~'5'초까지
재생하고 기다린다.
[발판타임]을 '0.1'만큼 줄이고
레벨에 '1'만큼 더한다.
'1'초 기다린 후
'1'번째 항목을 [발판Y]에서 삭제하고
'1'번째 항목을 [발판X]에서 삭제하는 것을
[발판Y] 항목 수 번 반복한다.
[홀드]를 '0'으로 정한 후
[장면2]를 시작한다.

장면이 시작되었을때
x: 0 y: -100 위치로 이동하기
계속 반복하기
　만일 　　　　　　　　 이라면
　　홀드▼ 를 1 로 정하기 ?
　　초시계 정지하기▼
　　소리 박수갈채▼ 　　　　　　
　　발판타임▼ 　　　　　 ?
　　레벨▼ 에 1 만큼 더하기 ?
　　1 초 기다리기
　　　　　　　　 번 반복하기
　　　1 번째 항목을 발판Y▼ 에서 삭제하기 ?
　　　　　　　　　　 ?
　　홀드▼ 를 0 로 정하기 ?
　　장면 2▼ 시작하기

TIP

실행해서 '발판_끝'에 도달하면 효과를 내고 다음 레벨로 넘어간 후 발판이 다시 그려지는지 확인하세요.

미션 확인

제크미가 발판 끝에 도달했을 때

장면2 발판_끝

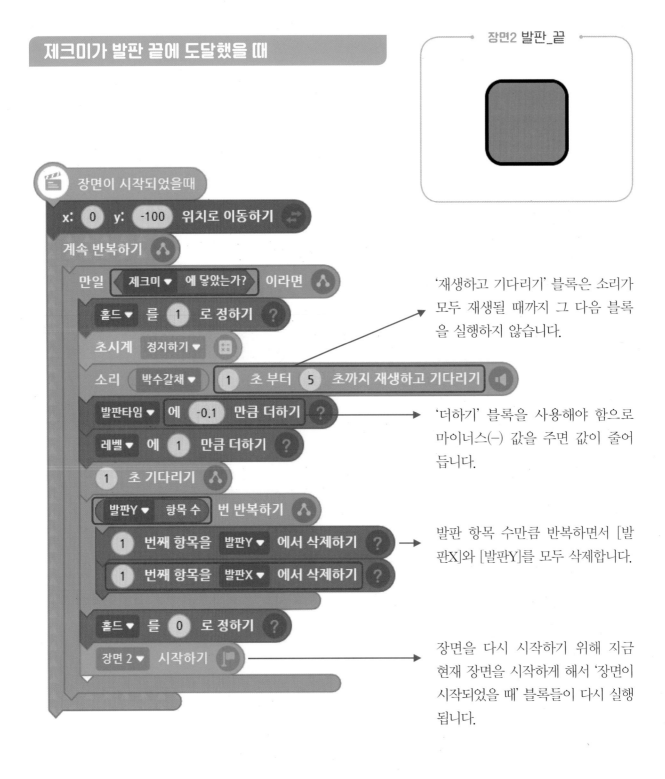

장면이 시작되었을때

x: 0 y: -100 위치로 이동하기

계속 반복하기

만일 〈 제크미 ▼ 에 닿았는가? 〉 이라면

홀드 ▼ 를 1 로 정하기

초시계 정지하기 ▼

소리 박수갈채 ▼ 1 초 부터 5 초까지 재생하고 기다리기

'재생하고 기다리기' 블록은 소리가 모두 재생될 때까지 그 다음 블록을 실행하지 않습니다.

발판타임 ▼ 에 -0.1 만큼 더하기

레벨 ▼ 에 1 만큼 더하기

'더하기' 블록을 사용해야 함으로 마이너스(-) 값을 주면 값이 줄어 듭니다.

1 초 기다리기

발판Y ▼ 항목 수 번 반복하기

1 번째 항목을 발판Y ▼ 에서 삭제하기

1 번째 항목을 발판X ▼ 에서 삭제하기

발판 항목 수만큼 반복하면서 [발판X]와 [발판Y]를 모두 삭제합니다.

홀드 ▼ 를 0 로 정하기

장면 2 ▼ 시작하기

장면을 다시 시작하기 위해 지금 현재 장면을 시작하게 해서 '장면이 시작되었을 때' 블록들이 다시 실행 됩니다.

미션 ★ Debugging mission

발판 사라지게 하기

이제 마지막 미션입니다. 다시 '발판' 오브젝트를 선택합니다. 이번 미션은 디버깅 미션으로 주어진 지문과 다르게 코딩되어진 부분을 찾아 올바르게 수정해야 합니다. 이미 작성된 블록 아래 계속 반복하기 블록을 연결합니다.

장면2 발판

복제본이 처음 생성되었을때

모양 보이기

x: 발판X ▼ 의 발판순서 ▼ 값 번째 항목 y: 발판Y ▼ 의 발판순서 ▼ 값 번째 항목 위치로 이동하기

계속 반복하기

만일 초시계 값 < 0 또는 ▼ 제크미 ▼ 에 닿았는가? 이라면

발판순서 ▼ 값 초 기다리기

소리 전자신호음1 ▼ 재생하기

이 복제본 삭제하기

'계속 반복하기' 블록 안에서
만일 [초시계 값]이 '0'보다 크고 [제크미]에 닿았다면
[발판타임] 값 초 기다리고
[전자신호음1]을 재생한 후 복제본을 삭제한다.

수정해야 할 곳은 세 군데입니다. 수정 후 실행하여 제크미가 지나간 발판이 일정 시간 후에 사라지는 지 확인해보세요.

TIP

최대한 학생들이 스스로 잘못된 부분을 수정할 수 있도록 시간을 주세요.

미션 확인

발판 사라지게 하기

장면2 발판

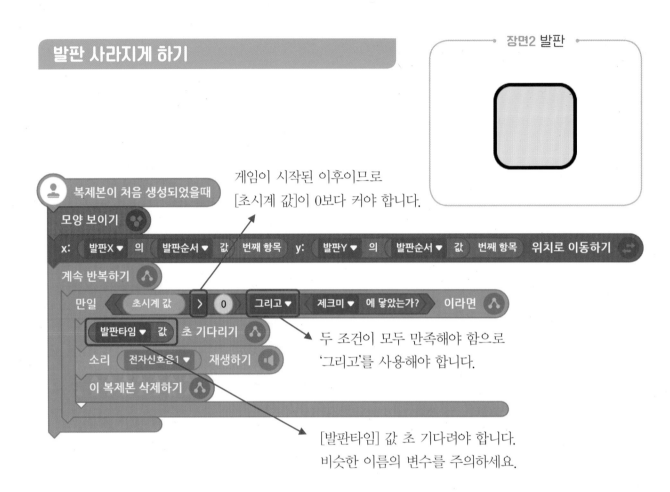

게임이 시작된 이후이므로
[초시계 값]이 0보다 커야 합니다.

두 조건이 모두 만족해야 함으로
'그리고'를 사용해야 합니다.

[발판타임] 값 초 기다려야 합니다.
비슷한 이름의 변수를 주의하세요.

챌린지 미션 Challenge mission

좀 더 게임을 멋지게 만들고 싶다면 다음 챌린지 미션에 도전해보세요.

리스트를 이용하여 자신만의 블록 맵을 만들어 보자.
레벨마다 블록 맵을 다르게 꾸며보자.
초시계를 이용하여 점수를 추가해보자.
점수를 활용하여 랭킹 기능을 만들어 보자.

더 재미있는 기능을 추가해서 자신만의 작품을 만들어 공유해보세요.

정리하기

이번 게임 작품은 어땠나요? 조금 자신감이 생겼나요?

어떤 부분이 재미있었고 어려웠는지 느낀 점을 적어보는 건 어떨까요?

- 여러 값을 저장하는 리스트를 이해하고 사용할 수 있습니다.
- 여러 블록들을 하나의 블록으로 만드는 함수를 만들어 사용할 수 있습니다.
- 함수와 리스트를 이용하여 좌표를 이용한 미로블록을 만들 수 있습니다.
- 오브젝트를 여러 개 복제하여 사용할 수 있습니다.
- 판단 블록을 이용하여 오브젝트를 키보드로 조종할 수 있습니다.

★ MEMO ★

코딩 퀴즈

물을 반만 채우려면?

유리컵 안에 물이 3분의 2가 담겨 있어요. 이 컵을 사용하여 물을
2분의 1만 채우려고 해요. 컵은 한 개뿐이며, 눈금도 새겨져 있지 않아요.
어떻게 물컵을 채워야 할까요?

본 문제는 창의력과 문제 해결력을 평가하는 문제입니다.

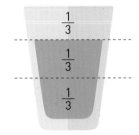

답과 함께 왜 그렇게 생각하는지 설명을 적어주세요.

정답 : 212page

코딩 스토리

음성인식

'오늘의 날씨는 어때?' 말로 물어보면 자동으로 오늘의 날씨를 찾아 스피커로 정보를 출력해는 것처럼 음성으로 어떤 작동이나 정보를 얻을 수 있는 장치들을 쉽게 접할 수 있습니다. 이런 장치들에 적용된 기술이 음성인식입니다. 이 음성인식 기술의 관건은 '얼마나 더 잘 알아 듣느냐'입니다. 사람 개인마다 고유의 억양과 발음이 다르기 때문입니다.

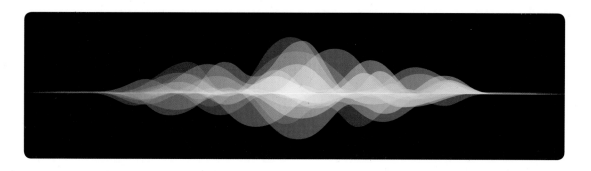

음성인식의 대표적인 것이 2011년에 출시한 애플의 음성기반 개인 비서 서비스인 '시리(Siri)'입니다. 시리는 아이폰 사용자의 음성 명령을 바탕으로 검색, 전화 걸기, 메시지 보내기, 음악 재생 등 서비스를 제공합니다. 그 이후에 구글의 '구글 나우(Google Now)', 삼성전자의 '빅스비'뿐만 아니라 '카카오 스피커' 같은 음성인식 기반의 스마트 홈 허브 장치들도 다양하게 나오고 있습니다.

03 CHAPTER

인공지능 카레이싱

좌우센서를 통해 자동으로 방향을 바꿔가며 움직이는 인공지능 자동차를 만들어 방향키로 조종하는 내 자동차로 경주하는 신나는 카레이싱 게임입니다.

◉ **난이도** : ★★★☆☆

◉ **주요 학습 포인트** : #신호 #판단 #변수 #연산 #붓

작품 설명

● 인공지능 카레이싱 ●

주어진 길을 따라 스페이스바를 눌러 앞으로 나가면서 좌우 화살표 키로 자동차의 방향을 조종하여 깃발에 빨리 도달하는 기본적인 레이싱 게임에 인공지능 자동차를 추가하여 같이 대결을 펼칠 수 있습니다. 스스로 방향을 바꿔가며 움직이게 하는 기능을 구현하는 것이 중요합니다. 친구들과 함께 누가 가장 빠른 기록을 내는지 대결을 해보세요.

★ 미션용 파일 : 03_인공지능카레이싱_미션용.ent
★ 완성본 파일 : 03_인공지능카레이싱_완성본.ent

게임을 시작하여 인트로 화면에서 [싱글게임]과 [AI 대전] 2가지 모드 중 하나를 선택할 수 있습니다.

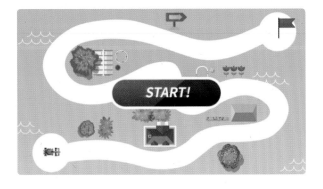

[START] 버튼을 눌러 3초 후 시작하고 스페이스바와 방향키로 조종합니다.

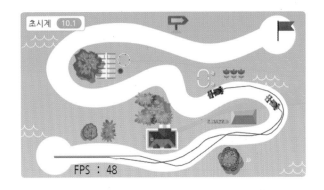

지나간 길을 붓으로 그리면서 움직이고 길을 벗어나 배경에 닿으면 속도가 현저하게 떨어집니다.

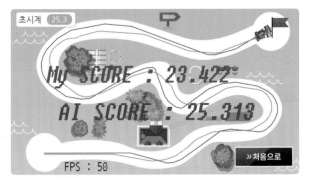

AI대전에서 깃발에 닿아 경기가 종료되면 내 점수와 AI의 점수가 나타납니다.

생각 열기

신호와 이벤트

신호(Signal)는 무엇일까요?

우리 일상생활에도 신호를 많이 볼 수 있는데 가장 쉽게 접하는 것은 길을 건너는 건널목의 '신호등'이에요. 말 그대로 신호를 보내는 등이죠. 파란불일 때 길을 건너라는 신호를 우리한테 보내는 것이죠. 요즘과 같이 통신수단이 없었던 옛날에는 봉수신호라고 해서 낮에는 연기, 밤에는 횃불을 올려 위급한 상황을 알리기도 했습니다. 코딩에서의 신호도 이와 같은 개념으로 생각하면 됩니다. 오브젝트 'A'가 100만큼 움직인 다음에 오브젝트 'B'에게 다 움직였다고 알려주고 싶을 때 변수처럼 '신호'를 만들어 그 신호를 보내면 됩니다.

그럼, 이벤트(Event)는 무엇일까요?

신호와 비슷한 개념이어서 다소 혼동의 여지가 있는데 신호와 상당히 밀접하답니다. 우리가 컴퓨터에 글을 작성할 때 키보드를 눌러 문자를 입력하죠? 컴퓨터는 항상 키보드나 마우스가 눌러지는지 기다리고 있다가 눌려지면 그 입력값에 해당하는 동작을 실행하게 됩니다. 프로그램을 [시작] 버튼을 눌러 실행하는 것부터 방향키를 누르고 마우스를 클릭하는 모든 것들이 각각의 이벤트입니다.

마우스 클릭 이벤트가 발생하면 시작 신호를 보냅니다. 둘은 이렇게 친한 관계예요.

학습 포인트

엔트리의 기본 블록 꾸러미

블록 꾸러미의 각 탭은 각각의 색상이 있습니다. 이번에는 붓과 소리 그리고 글상자의 주요 블록들을 보면서 가볍게 익혀보세요.

붓은 오브젝트가 움직이는 경로를 따라 선을 그리는 기능이랍니다. 시작하고 멈추고 색상과 굵기를 정할 수 있어요. ※ 글상자 오브젝트에서는 메뉴가 나타나지 않습니다.

소리와 관련된 블록은 [소리] 탭에서 '소리를 ~ 재생하고 기다리기' 블록은 해당 소리가 끝날 때까지 다음 블록이 실행되지 않습니다.

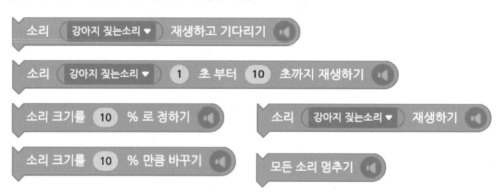

[글상자] 탭은 글상자 오브젝트에서만 보여집니다. 점수 등의 변수를 화면에 표시할 때 계산에 있는 '~와 ~를 합치기' 블록과 함께 유용하게 사용할 수 있습니다.

오브젝트의 이동 방향

이동 방향은 오브젝트를 선택했을 때 주황색 화살표가 가리키는 방향을 의미합니다. 방향은 오브젝트가 회전하는 각도이고, 이동 방향은 오브젝트가 이동하는 방향을 나타낸다는 것에 주의하세요.

기본적으로 오브젝트의 이동 방향은 '90'으로 설정되어 있어 '이동 방향으로 ~만큼 움직이기' 블록을 사용하면 왼쪽에서 오른쪽으로 움직이게 됩니다.

위쪽 방향이 '0'도가 되고, 시계 방향으로 이동 방향 각도를 정할 수 있습니다. 그래서 만약 아래쪽으로 움직이게 하려면 이동 방향을 '180'으로 왼쪽으로 움직이게 하려면 이동 방향을 '270' 또는 '−90'도로 정하면 됩니다.

이동 방향을 활용하는 주요 블록은 다음과 같이 각도를 정하거나 회전하는 블록과 움직이게 하는 블록이 있습니다. 아래의 2개의 블록은 어떻게 다를까요? 먼저 어떻게 움직일지 예상해본 후에 블록을 조립해서 실행해보세요.

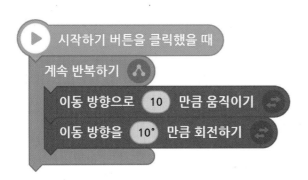

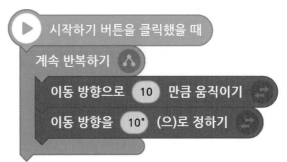

따라하기

버튼에 색깔 효과 주기

이제 작품의 미션용 파일을 열어 작품을 만들어 볼까요? 우측 상단에는 장면 이름과 오브젝트가 표시되어 있으니 항상 확인하고 해당 오브젝트를 선택 후 코딩해주세요. '싱글게임'과 'AI대전' 오브젝트 위에 마우스 포인터를 올리면 색깔이 변하는 효과를 적용해 봅니다.

※ 각 오브젝트 내에 이미 존재하는 블록들은 삭제하지 마세요.

먼저, [장면1]의 '싱글게임' 오브젝트를 선택하고 아래와 같이 조립해보세요. 이제 블록의 위치는 잘 찾을 수 있겠죠?

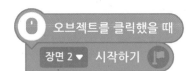

위의 블록을 조립 후 시작하여 마우스를 버튼에 올리면 메뉴가 선택된 것처럼 [색깔] 효과를 줍니다. 버튼을 클릭하면 [장면2]가 시작됩니다. 잘 동작한다면 'AI대전' 오브젝트에도 동일하게 [색깔] 효과 주는 블록을 복사해서 붙여넣고, 오브젝트 클릭했을 때 [장면3]을 시작하세요.

> **TIP**
>
> 버튼에 마우스를 올렸을 때 크기, 밝기, 투명도 등 자신만의 효과를 주는 것도 좋습니다.

미션 ★★
Text mission

카운트다운

이제 [장면2]로 넘어가서 'START' 오브젝트를 선택합니다. 장면이 시작되면 [START] 버튼이 화면 가운데 표시되고 3초간 카운트다운 후 초시계가 시작합니다.

장면2 START

🎮 오브젝트를 클릭했을 때

크기를 '50'으로 정하고 모양을 보인다.
[다음] 모양으로 바꾸고,
[피아노_14높은파]를 재생하고
'1'초 기다리는 것을 3번 반복한다.
모양을 숨기고 크기를 '100'으로 정한다.
[호루라기]를 재생하고
초시계를 시작하고
초시계를 보인 후 모양을 숨긴 후
[스타트] 신호를 보낸다.

블록은 다소 많아 보일 수 있지만 조건문이 없고 반복문이 하나 들어가는 비교적 간단한 미션입니다.
지문을 꼼꼼히 읽어 놓치는 블록이 없도록 조립해보세요.

힌트

3번 반복하기 블록 안에 3개의 블록이 들어가야 하는 것에 주의하세요.

미션 확인

카운트다운

장면2 START

시작 블록이 '오브젝트를 클릭했을 때'
블록임을 주의하세요.

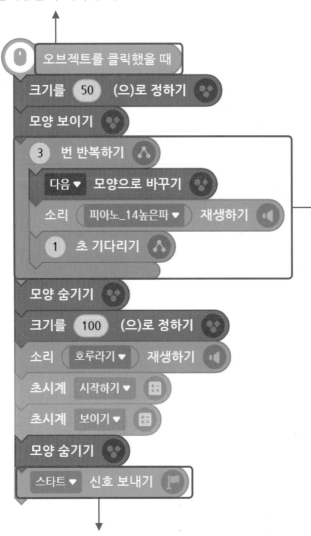

3번 반복하는 부분을 다음과 같이 코딩해도
틀린 것은 아니나 블록이 길어지고 소리를
바꾸고 싶을 경우 3번을 바꿔야 하겠죠?

신호를 보내는 이유는 카운트다운이 모두 끝난 후
자동차가 이 신호를 받아 이때부터 움직일 수 있도
록 코딩하기 위해서입니다.

미션 ★★
Smart mission

자동차 움직이기

이제 '내자동차' 오브젝트를 선택합니다. 붓을 그리면서 자동차를 방향키와 스페이스바로 움직이도록 해보겠습니다. 이번 미션은 스마트 미션으로 주어진 지문을 잘 읽고 필요한 블록을 찾아 조립해야 합니다. 조립 후 실행하여 카운트다운 후 각 키로 방향 조절과 앞으로 움직이는지 확인합니다.

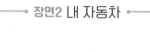

🎮 [스타트] 신호를 받았을 때

[내속도]를 '1'로 정하고,
붓의 굵기를 '1'로 색상을 무작위로 정한 후
그리기를 시작한다.
[스페이스] 키를 누르면 이동 방향으로
[내속도] 값만큼 움직이게 하고,
[왼쪽 화살표] 키를 누르면
왼쪽 방향으로 '2'만큼,
[오른쪽 화살표] 키를 누르면
오른쪽 방향으로
'2'만큼 회전하도록 한다.

왼쪽 화살표 키를 눌렀을 때 왼쪽 방향으로 '2'만큼 회전하려면 각도를 몇으로 해야 할까요? 방향은 자동차가 움직이는 방향 기준입니다.

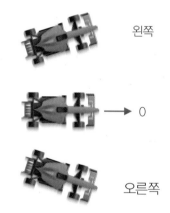

왼쪽

→ 0

오른쪽

힌트

[판단] 메뉴의 '~키가 눌러져 있는가?' 블록을 '만약 ~ 이라면' 블록에 넣어 사용하도록 합니다.
이 조건은 언제 발생할 지 모르기 때문에 반복적으로 체크를 해야 겠죠?

미션 확인 ▼

자동차 움직이기

스타트 ▼ 신호를 받았을 때

내속도 ▼ 를 1 로 정하기 ?

붓의 굵기를 1 (으)로 정하기

붓의 색을 무작위로 정하기

그리기 시작하기

계속 반복하기

　만일 스페이스 ▼ 키가 눌러져 있는가? 이라면

　　이동 방향으로 내속도 ▼ 값 만큼 움직이기

　만일 왼쪽 화살표 ▼ 키가 눌러져 있는가? 이라면

　　방향을 -2° 만큼 회전하기

　만일 오른쪽 화살표 ▼ 키가 눌러져 있는가? 이라면

　　방향을 2° 만큼 회전하기

붓의 굵기와 본인이 좋아하는 색상으로 변경해보세요.

[판단] 메뉴의 '~키가 눌러져 있는가' 조건을 사용할 경우 '계속 반복하기' 블록 안에 있어야 한다는 걸 기억해두세요!

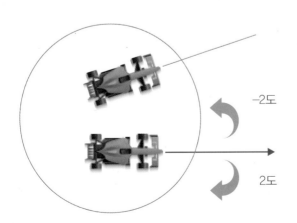

−2도

2도

자동차가 움직이는 방향 기준으로 회전은 시계 방향입니다. 그래서 오른쪽으로 '2'도는 '2'도, 왼쪽으로 '2'도는 '−2'도가 되고, '−2'도는 '360'도에서 '2'도를 뺀 '358'도와 동일합니다.

미션 ★
Blank mission

자동차 움직이는 조건

내자동차가 잘 움직이나요? 그런데 길이 아닌 길로 갈 수도 있고 깃발에 닿아도 아무런 이벤트가 일어나지 않군요. 길이 아닌 곳으로 가면 속도를 줄이고 깃발에 닿으면 초시계가 멈추고 기록을 표시하도록 해보겠습니다. 이번 미션은 빈칸 미션입니다. 지문을 읽고 알맞은 블록을 조립해보세요.

· 장면2 내자동차 ·

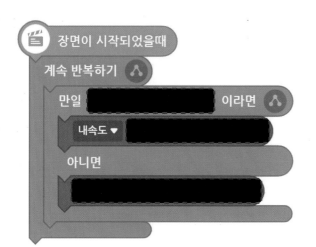

길이 아닌 곳으로 가는 조건을 '[배경]에 닿았는가?' 블록으로 하고, 배경에 닿으면 [내속도]를 '0.2'로, 닿지 않았으면 '1'로 정한다.

깃발에 닿으면
[내기록]을 보이게 하고
[내기록]을 [초시계 값]으로 정한 후
'초시계'를 정지하고 숨긴다.

실행하여 길이 아닌 곳으로 가면 속도가 줄고 깃발에 도착하면 초시계가 멈추고 내 기록이 보이는지 확인하세요.

미션 확인 ▼

자동차 움직이는 조건

장면2 내자동차

장면이 시작되었을때

계속 반복하기

만일 (배경 ▼ 에 닿았는가?) 이라면

내속도 ▼ 를 0.2 로 정하기 ?

아니면

내속도 ▼ 를 1 로 정하기 ?

그런데 길은 배경이 왜 아닐까요?
'배경' 오브젝트를 선택한 후 [모양] 탭을 눌러 배경
이 어떻게 생겼는지 확인해보세요. 길만 비어져 있
는 것을 확인할 수 있습니다.

장면이 시작되었을때

계속 반복하기

만일 (깃발 ▼ 에 닿았는가?) 이라면

변수 내기록 ▼ 보이기 ?

내기록 ▼ 를 초시계 값 로 정하기 ?

초시계 정지하기 ▼

초시계 숨기기 ▼

자신의 ▼ 코드 멈추기

이 4개의 블록은 빠르게 순서대로 실행되기
때문에 순서를 바꿔도 동일한 효과를 냅니다.

이 블록이 실행되면 이 오브젝트의 모든 블록
들이 실행되지 않습니다. 단, 다시 해당 장면
이 시작되면 동일하게 실행됩니다.

미션 ★ Smart mission ▼

다시 시작하기

장면2 처음으로

≫처음으로

내자동차를 조종해서 깃발까지 도달하는 데 얼마나 걸렸나요? 이제 다시 게임을 하기 위한 버튼을 만들어 볼까요? '처음으로' 오브젝트를 선택합니다. 게임이 진행 중일 때는 보여지지 않다가 깃발에 도착하여 게임이 끝나면 보여주고, 버튼을 클릭하면 게임이 다시 시작되도록 합니다. 간단하죠?

> 장면이 시작되면 모양을 숨긴다.
> <u>내자동차가 깃발에 닿으면</u> 모양이 보인다.
> 오브젝트를 클릭하면 처음부터 다시 실행한다.

너무 쉽다구요? 네. 하지만 2번째 조건을 볼까요? 지금 선택된 오브젝트는 '처음으로'인데 조건은 '내자동차'가 '깃발에 닿으면'입니다. '만약 ~이라면' 블록 안에 넣을 판단 블록이 있을까요? 아쉽지만 그런 블록은 없습니다. 그럼 '내자동차가 깃발에 닿으면'의 조건에 해당하는 다른 조건을 찾아서 넣어야 합니다. 또는, 우리가 배운 신호를 만들어서 사용하는 방법도 있어요.

TIP

A, B, C 오브젝트가 있다고 가정해 보겠습니다. A가 B에 닿았을 때 C를 보이게 해야 합니다. 이를 나누어 보면 'A가 B에 닿았을 때'란 조건과 'C를 보이게' 하는 명령으로 나눌 수 있는데 C를 보이게 하는 명령은 C에서밖에 할 수가 없습니다. 그런데 'A가 B에 닿았을 때'란 조건은 C에서 할 수 없고, A나 B에서 할 수 있답니다. 그래서 이때 모든 오브젝트에서 사용할 수 있는 변수를 이용하거나 신호를 이용하게 됩니다.

우리 둘이 만난 사실을 제크에게 어떻게 알려주지?

난 둘이 만났는지 모른다구~

미션 확인

다시 시작하기

처음 장면이 시작되었을 때 모양을 숨기고 오브젝트를 클릭했을
때 다시 실행하는 블록은 동일합니다.

장면2 처음으로

»처음으로

'내자동차가 깃발에 닿으면 보인다.'에 해당하는 동작을 위한
방법은 크게 2가지가 있습니다.

1번째 방법

[내기록] 값은 '0'이고 깃발에 닿았을
때만 [내기록] 값이 [초시계]로 저장
됨으로 다음과 같은 조건을 넣어서
처리할 수 있습니다.

2번째 방법   [속성] 탭에서 [도착] 신호를 만들고, '내자동차' 오브젝트에서 깃발에 닿았을 때 해당 신호
를 보냅니다. 그리고 '처음으로' 오브젝트에서 신호를 받았을 때 모양을 보이도록 합니다.

처음으로

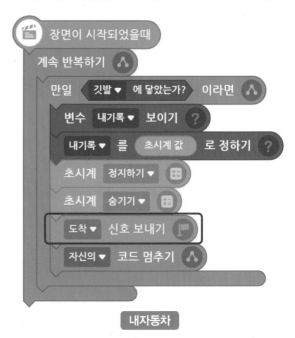

내자동차

미션 ★ Blank mission

AI대전 내자동차

이제 [장면3]으로 이동하여 '내자동차' 오브젝트를 선택합니다.
[장면3]의 내자동차의 기능은 거의 동일하기 때문에 [장면2]의
'내자동차' 중 아래 3개 블록들을 복사하여 사용합니다.

 ● 장면3 내 자동차 ●

```
장면이 시작되었을때
계속 반복하기
  만일  배경 ▼  에 닿았는가?  이라면
    내속도 ▼  를  0.2  로 정하기
    만일 ▓▓▓▓▓▓▓▓▓▓▓▓  이라면
    ▓▓▓▓▓▓▓▓▓▓▓▓▓▓▓▓▓
  아니면
    내속도 ▼  를  1  로 정하기
```

배경에 닿았을 때 조건 안에서
'시냇물'에 닿았다면 [내속도]를 '0'으로 정한다.

```
장면이 시작되었을때
계속 반복하기
  만일  깃발 ▼  에 닿았는가?  이라면
    내기록 ▼  를  초시계 값  로 정하기
    ▓▓▓▓▓▓▓▓▓▓▓▓▓▓▓▓▓
    자신의 ▼  코드 멈추기
```

깃발에 닿았을 때
[내기록]을 초시계로 정하고
[플레이어도착] 신호를 보내고
[자신의] 코드를 멈춘다.

```
스타트 ▼  신호를 받았을 때
내속도 ▼  를  1  로 정하기
붓의 굵기를  1  (으)로 정하기
붓의 색을 무작위로 정하기
그리기 시작하기
계속 반복하기
  만일  스페이스 ▼  키가 눌러져 있는가?  이라면
    이동 방향으로  내속도 ▼  값  만큼 움직이기
  만일  왼쪽 화살표 ▼  키가 눌러져 있는가?  이라면
    방향을  -2°  만큼 회전하기
  만일  오른쪽 화살표 ▼  키가 눌러져 있는가?  이라면
    방향을  2°  만큼 회전하기
```

키보드로 자동차를 조종하는 블록은 동일하게
사용합니다. 실행하여 카운트다운 후에
[장면2]처럼 움직이고 시냇물에 닿았으면
멈추는지 확인해보세요.

미션 확인

AI대전 내자동차

장면3 내자동차

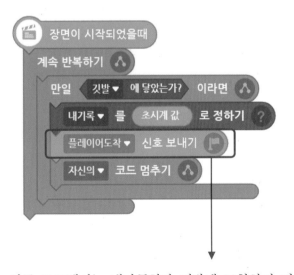

AI대전에서는 '시냇물' 오브젝트가 있습니다. 배경을 가로질러 AI자동차를 쉽게 이기는 것을 방지하기 위한 장치입니다.

싱글 모드에서는 내자동차가 깃발에 도착하면 경기를 끝냈지만 AI대전에서는 두 자동차 모두 도착해야 하기 때문에 별도의 신호를 보내 경기의 종료를 처리합니다.

TIP

여러 블록 덩어리들이 많은 오브젝트 내에서는 화면에 블록들이 많아 겹쳐지기도 하고 다른 블록들과 잘못 합쳐지기도 하는 경우가 많이 발생합니다. 그래서 이런 오브젝트에서 코딩할 땐 블록을 정리하는 습관을 들이는 것이 좋습니다. 블록 조립소 빈 곳에 마우스 우측 버튼을 클릭하여 [코드 정리하기]를 클릭하면 됩니다.

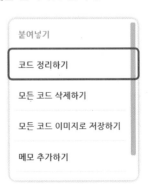

미션 ★ Text mission

AI자동차 움직이기

이제 'AI자동차' 오브젝트를 선택합니다. 먼저 게임이 시작되면 앞으로 이동하도록 해볼까요? 우선 AI자동차를 위한 변수에 대해 살펴보고 미션을 수행해보세요.

장면3 AI자동차

[AI방향 ▼ 값] : AI자동차가 배경에 닿았을 때 이 방향 값을 변경하여 회전시킵니다.

[AI속도 ▼ 값] : AI자동차의 속도로 내자동차와 동일한 속도로 출발하고 배경에 닿았을 때 속도값을 줄여줍니다.

[AI홀드 ▼ 값] : 현재 AI자동차의 상태를 나타내 줄 중요한 변수로 0일때는 앞으로 가고 1일때는 오른쪽으로 2일 때는 왼쪽으로 회전합니다.

[AI기록 ▼ 값] : AI자동차가 출발하여 깃발에 닿으면 초를 AI기록 값에 저장합니다.

🎮 [스타트] 신호를 받았을 때

[AI홀드]를 '0'으로 [AI방향]을 '0'으로 [AI속도]를 '1'로 정한다.
붓의 굵기를 '1'로 정하고 붓의 색상을 붉은색으로 정한 후 그리기 시작한다.
아래의 블록을 계속 반복한다.
이동 방향으로 [AI속도] 값만큼 움직인다.
만일 [AI홀드]가 '0'보다 크면 [방향변경] 신호를 보낸다.
※ 붓의 굵기와 색상을 자신의 스타일대로 변경해보세요.

실행하여 카운트다운 후에 AI자동차가 앞으로 이동하는지 확인합니다.

미션 확인

AI자동차 움직이기

장면3 AI자동차

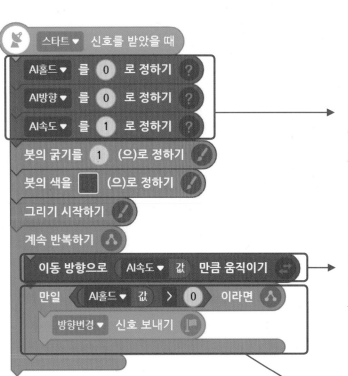

[AI홀드]는 기본 상태인 '0'으로, [AI방향]은 앞으로 가는 방향인 '0'으로, [AI속도]는 내 자동차와 동일하게 '1'로 정합니다.

내자동차와 동일하게 [AI속도] 값만큼 움직이게 합니다. 배경에 닿았을 때 [AI속도] 값을 줄입니다.

AI홀드가 '0'보다 클 경우 즉, '1(오른쪽으로 회전)'이거나 '2(왼쪽으로 회전)'일 경우에만 [방향변경] 신호를 보냅니다.

TIP

AI자동차가 방향을 자동으로 변경하게 되는 원리를 먼저 간단히 살펴볼까요? AI 자동차 앞쪽에 'AI왼쪽'과 'AI오른쪽' 센서가 각각 위치해 AI자동차를 따라 다닙니다. 길을 따라 앞으로 가다가 왼쪽 센서가 배경에 닿으면 AI자동차를 오른쪽으로 회전하고, 오른쪽 센서가 닿으면 왼쪽으로 회전하게 명령을 내립니다.

미션 ★★
Text mission

AI자동차 움직이기

AI자동차가 그냥 앞으로만 전진하죠? 이제 좌우 센서를 작동시켜 방향을 회전할 수 있도록 하겠습니다. 'AI왼쪽' 오브젝트를 선택합니다. 왼쪽 센서가 배경에 닿으면 방향을 오른쪽으로 회전하도록 할 겁니다. 먼저, 아래의 두 블록을 조립합니다. AI자동차를 계속 따라다니도록 하기 위해 계속 AI자동차 위치로 이동하게 하고, [방향변경] 신호를 받으면 회전하기 위한 블록들입니다.

> 장면2 AI왼쪽

[스타트] 신호를 받았을 때

'계속 반복하기' 블록 안에
만약 배경에 닿았다면
만약 [AI홀드]가 '1'보다 작다면
　　[AI홀드]를 '1'로 [AI속도]를 '0.5'로
　　[AI방향]을 '5'로 정한다.
배경에 닿지 않았다면
　　만약 [AI홀드]가 '1'이면
　　[AI홀드]를 '0'으로 [AI속도]를 '1'로 정한다.

힌트

구조가 다소 복잡하니
주어진 블록 구조를 참조해서
코딩해보세요.

미션 확인

AI왼쪽 센서 동작

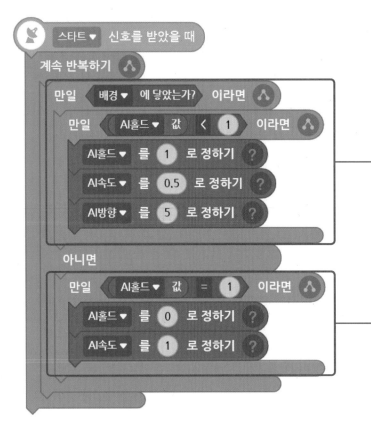

배경에 닿았을 때 [AI홀드] 값이 '1'보다 작다는 것은 즉, '0' 기본 상태임으로 오른쪽으로 회전하기 위해 속도를 줄이고, 방향을 오른쪽으로 회전하도록 변경해주는 부분입니다.

[AI홀드] 값이 '1' 즉, 왼쪽으로 회전하는 상태에서 배경에 닿지 않았기 때문에 다시 앞으로 움직이는 원래의 상태로 돌려놓는 부분입니다.

다소 복잡한 구조와 많은 변수들이 있어서 기능을 이해하기 어려운가요? 다음 설명을 천천히 읽으면서 위 블록과 다시 비교해보세요.

AI자동차가 만나게 되는 경우의 수는 크게 3개입니다.
❶ 배경에 닿지 않고 앞으로 움직이는 경우 : AI홀드=0, AI속도=1
❷ 왼쪽 배경에 닿아서 오른쪽으로 회전을 하는 경우 : AI홀드=1, AI속도=0.5, AI방향=5
❸ 오른쪽 배경에 닿아서 왼쪽으로 회전을 하는 경우 : AI홀드=2, AI속도=0.5, AI방향=-5

위의 블록은 왼쪽 배경에 닿아서 오른쪽으로 회전하는 경우와 회전하다가 배경에 닿지 않으면 다시 원래의 값으로 돌려놓는 기능을 하게 됩니다.

미션 ★ Smart mission

AI오른쪽 센서 동작

이제 'AI오른쪽' 오브젝트를 선택합니다. 왼쪽 센서와 같은 형태로 센서가 배경에 닿으면 방향을 왼쪽으로 회전하도록 해야 겠죠. 먼저, 왼쪽 센서의 아래 두 블록 묶음을 복사해옵니다. AI자동차를 계속 따라다니고 방향을 회전하는 것은 동일하니까요.

장면2 AI오른쪽

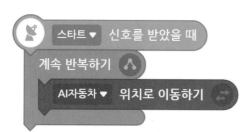

왼쪽 센서와 같은 형태로 주어진 블록 구조처럼 구성한다.
아래의 조건을 맞추어 조립한다.
배경에 닿으면 왼쪽으로 회전하도록 한다.
단, 회전하는 상태가 아닐 경우에만
AI홀드=2, AI속도=0.5, AI방향=−5로 정한다.
배경에 닿지 않았고 왼쪽으로 회전하는 상태라면
다시 앞으로 가는 기본 상태인
AI홀드=0, AI속도=1로 정한다.

힌트

[AI홀드] 값이 왼쪽으로 회전하는 상태는 '1', 오른쪽으로 회전하는 상태는 '2', 회전하는 상태가 아닌 기본 상태는 '0'입니다.

미션 확인

AI오른쪽 센서 동작

장면2 AI오른쪽

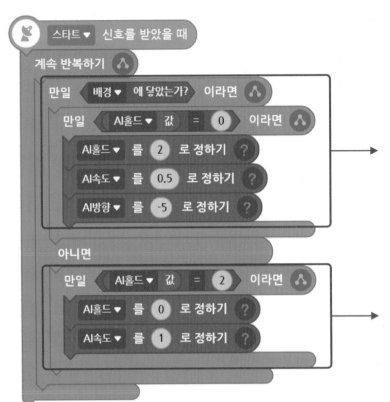

[AI홀드]의 3가지 상태 중 앞으로 움직이는 기본 상태(AI홀드=0)인 경우에만 왼쪽으로 회전하도록 합니다.

배경에 닿지 않았고 왼쪽으로 회전하는 상태일 경우 다시 원래의 기본 상태로 돌립니다.

미션을 위와 같이 잘 수행했나요? 혹시 위와 다르게 코딩했더라도 AI자동차가 길을 따라 방향을 회전하면서 깃발까지 간다면 성공입니다! 코딩은 꼭 정해진 정답이 있는 것이 아닙니다. 이제, AI자동차를 깃발까지 스스로 방향을 회전하면서 보내니 내자동차와 AI자동차와 경주를 한번 해보세요.

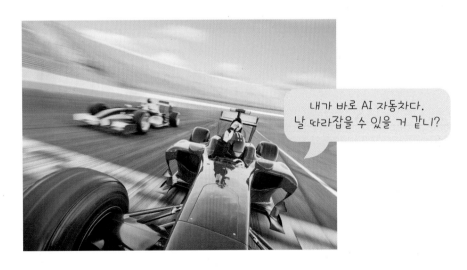

미션 ★★ Debugging mission

가

점수 표시하기

이제 마지막 미션으로 깃발에 자동차가 도착하면 멋지게 기록을 보여주고, 소리 효과도 주겠습니다. 이번 미션은 디버깅 미션으로 주어진 블록 중 지문과 다르게 되어 있는 부분을 찾아 수정하는 미션입니다. 먼저 '내점수' 오브젝트를 선택하여 코딩한 후 'AI점수'에 복사하여 수정합니다.

'My SCORE : '와 [내기록] 값을 합치기라고 글쓰기한다.
모양을 보이고,
'x: 300 y: 30' 위치로 이동한 후 '자신의 x좌푯값'이 0보다 작을 때까지 x좌표를 '-30'만큼 바꾼다.
만약 [AI기록]이 '0'과 같으면 [박수갈채]를 '1~5'초까지 재생하고 그렇지 않으면
[호루라기2]를 재생한다.

수정해야 할 곳은 총 4군데입니다. 코딩을 완료한 후 실행하여 내자동차가 깃발에 닿으면 오른쪽에서 기록이 나와 소리를 내는지 확인하세요. AI자동차보다 먼저 도착하면 [박수갈채], 나중에 도착하면 [호루라기] 소리가 나야 합니다.

미션 확인

점수 표시하기

장면3 내점수

가

장면3 AI점수

가

잘못된 부분 4군데를 모두 잘 수정하였나요? 내자동차가 깃발에 닿았을 때 기록이 멋지게 나온다면 블록을 복사하여 'AI 기록' 오브젝트에 붙여 넣고 다음과 같이 수정해주세요. 그리고 표시된 부분만 정확히 변경해주세요.

챌린지 미션 Challenge mission

좀 더 게임을 멋지게 만들고 싶다면 다음 챌린지 미션에 도전해보세요.

자신만의 레이싱 맵을 만들어 보자.
레벨 기능을 추가하고 AI자동차의 속도를 올려 대전을 해보자.
공유 리스트를 활용하여 랭킹 기능을 추가하여 친구들과 대전을 해보자.

더 재미있는 기능을 추가해서 자신만의 작품을 만들어 공유해보세요.

TIP

컴퓨터 환경에 따라 자동차의 움직이는 속도가 달라질 수 있습니다. 이를 위해 FPS(Frame Per Second) 기능을 추가하여 엔트리 실행 속도를 체크해볼 수 있습니다. 초당 프레임 수를 의미하는 이 FPS는 원래 영상에서 1초당 몇 프레임을 보여줄 수 있는지 체크하는 단위로 수가 높을수록 부드러운 영상을 보여줍니다. 글상자 오브젝트와 변수를 추가하여 다음과 같이 코딩해보세요. 1초당 몇 개의 숫자를 더할 수 있는지 표시합니다. 60 이상이면 쾌적한 환경입니다.

```
스타트 ▼ 신호를 받았을 때
계속 반복하기
    FPS ▼ 를 0 로 정하기
    FPS-Sec ▼ 를 초시계 값 로 정하기
    초시계 값 ≥ (FPS-Sec ▼ 값 + 1) 이 될 때까지 ▼ 반복하기
        FPS ▼ 에 1 만큼 더하기
    FPS : 과(와) FPS ▼ 값 를 합치기 라고 글쓰기
```

정리하기

이번 게임 작품은 어땠나요? 조금 어려웠나요? 어떤 부분이 재미있었고,
어려웠는지 느낀 점을 적어보는 건 어떨까요?

- 신호와 이벤트를 이해하고 사용할 수 있습니다.
- 방향을 이해하고 왼쪽 오른쪽으로 오브젝트를 회전하게 할 수 있습니다.
- 초시계의 시작, 정지, 초기화 등의 기능을 사용할 수 있습니다.
- 붓 기능의 굵기, 색상 등의 기능을 사용할 수 있습니다.
- 글상자 오브젝트를 이용하여 변수값들을 표시할 수 있습니다.

★ MEMO ★

코딩 퀴즈

아래의 그림 중 다른 하나를 찾아보세요.

본 문제는 패턴 인식과 관찰력을 평가하는 문제입니다.

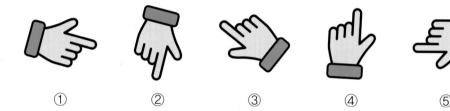

①　　　②　　　③　　　④　　　⑤

답과 함께 왜 그렇게 생각하는지 설명을 적어주세요.

정답 : 213page

코딩 스토리

드론 Drone

드론이란 조종사가 탑승하지 않아도 특정한 조작으로 움직일 수 있는 무인 항공기를 말합니다. '드론'이라는 명칭은 초기 원격 조정 비행기의 엔진 소리가 윙윙거리는 벌의 날갯짓 소리와 비슷하다고 해서 붙여진 이름이지만 지금은 무인 비행체를 통칭하여 말합니다.

드론은 기기에 장착된 장비의 센서들로 이내 활용할 수 있는 분야가 무궁무진합니다.
(가속도 센서, GPS 센서, 지자기 센서, 자이로 센서, 장애물 회피 센서, 비전 포지셔닝 센서, 기압 센서)
각 분야에 맞게 장비를 추가 또는 보완 시켜 특정 산업에 적용하는 분야들이 늘어나고 있습니다. 스스로 장애물을 피하고, 목적지를 찾아가는 배달 드론이 있는가 하면, 기상 자료를 수집하고 재난과 재해를 예방하는데 특화된 드론도 있습니다.

러닝프렌즈

각각 점프의 특성이 있는 4개의 캐릭터 중 하나를 골라 들판을 달리며, 주어진 시간 안에 폭탄을 피해 동전, 별, 사탕, 하트를 먹으면서 끝까지 도달해 많은 점수를 내는 신나는 모험 점핑 게임입니다.

◉ **난이도** : ★★★★☆

◉ **주요 학습 포인트** : #복제 #움직임 #연산 #좌표 #효과 #함수 #랜덤

작품 설명

러닝프렌즈

저학년부터 고학년까지 재미있게 즐길 수 있는 점핑 게임을 만들어 봅니다. 캐릭터마다 각각 개성 있는 점프 효과를 주어 다양한 아이템들을 먹으면서 주어진 시간 동안 생명력을 잃지 않고 끝까지 도달하는 게임입니다. 마지막에 공유 리스트를 이용한 랭킹 기능을 구현해 친구들끼리 더 많은 점수를 내기 위한 대결을 펼칠 수 있습니다.

★ 미션용 파일 : 04_러닝프렌즈_미션용.ent
★ 완성본 파일 : 04_러닝프렌즈_완성본.ent

첫 인트로 화면에서 [캐릭터 선택] 버튼을 눌러 다음 장면으로 넘어갑니다.

4개의 캐릭터 중 하나를 선택해 게임을 시작합니다.

시간 5000(약 2분 30초) 동안 동전, 별, 하트, 사탕을 먹으면서 폭탄을 피해 점핑합니다.

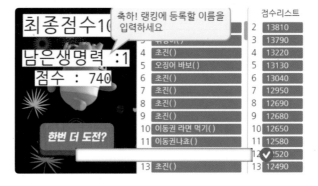

마지막까지 생명력을 잃지 않고, 도착하면 랭킹에 올라갑니다.

생각 열기

가속도와 점프

이번 게임에서의 주요 기능은 캐릭터들이 자연스럽게 점프를 하는 것입니다. 자연스럽게 점프를 하려면 가속도의 개념과 원리를 알아야 하는데요. 가속도란 시간에 따라 물체의 속도가 변하는 정도를 나타내는 것으로 일정한 속도에 추가적인 속도가 더해진다는 의미로 생각하면 되는데요. 쉽게 물체를 높은 곳에서 떨어뜨리면 점점 속도가 붙어 빨라지게 되는 원리랍니다. 중력 때문에 가속도가 붙는 건데 점프를 할 때도 올라갈 때는 점점 속도가 줄어들고 최고 높이까지 올라간 상태에서 멈췄다가 내려올 때는 반대로 점점 속도가 빨라집니다.

시간의 간격을 1초라고 하고 위로 50만큼을 5번 올라갔다가 5번 내려온다고 생각해볼까요.
가속도가 없는 점프와 있는 점프를 비교해보고 생각해보세요.

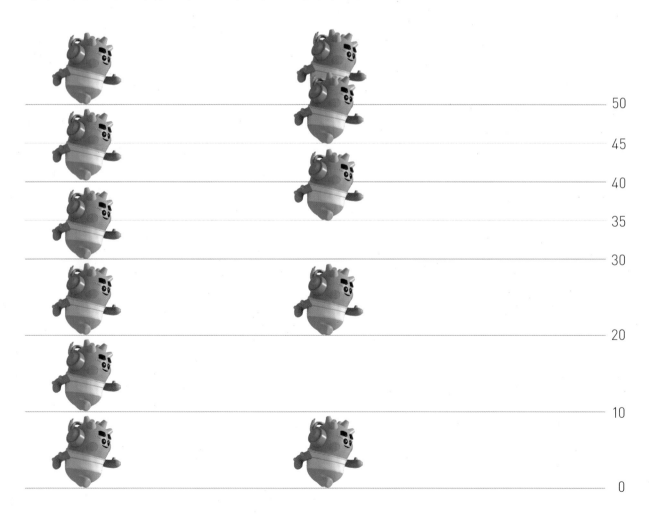

학습 포인트

장면과 변수 소개

이번 게임 작품은 5개의 장면과 많은 변수가 있으니 각 장면과 변수를 한 번씩 살펴보고 작품 미션을 수행해주세요. 변수에 대한 자세한 설명은 각 미션에서 확인해주세요.

주요 변수

- 캐릭터명 ▼ 값
- 최종점수 ▼ 값
- 난이도레벨빈도 ▼ 값
- 생명력 ▼ 값
- 장면카운트 ▼ 값
- 점프높이 ▼ 값
- 점수 ▼ 값
- 점수단계 ▼ 값
- 자석효과 ▼ 값
- 플레이셋 ▼ 값
- 캐릭터선택 ▼ 값
- 현재캐릭Y ▼ 값

장면1 시작
처음 시작했을 때 나오는 인트로 화면입니다.
버튼을 통해 [장면4-캐릭터선택]이나
[장면5-랭킹]으로 넘어갈 수 있습니다.

장면2 메인
실제 게임이 실행되는 가장 중요한 장면입니다.

장면3 게임오버
주어진 시간 전에 생명력을 잃으면 게임을 종료하고
다시 시작할 수 있게 해줍니다.

장면4 캐릭터선택
처음 게임을 시작할 캐릭터를 선택하는 장면입니다.

장면5 랭킹
주어진 시간이 끝나면 랭킹 기록에 자신을 등록하고
랭킹 기록을 볼 수 있는 장면입니다.

게임 캐릭터 소개

게임에 등장하는 멋지고 귀여운 캐릭터들을
살펴볼까요?

무라

먹는 걸 좋아하는 무라는 덩치에 비해 날렵한 공
중점프를 할 수 있답니다. 맘이 여리고 남을 잘 돕
는 무라는 이 게임 작품에서 대표 캐릭터랍니다.

제크

제크는 코딩프렌즈의 대장 캐릭터로 굉장히 활발
하며, 개그를 좋아합니다. 귀엽게 생겼지만 다소
예민하고 까칠한 성격을 보일 때도 있습니다.

뭉크

뭉크는 수더분하고 남을 잘 챙겨주는 스타일로 많
은 음식 레시피를 가지고 다니며 요리를 해주는 멋
진 요리사입니다. 수줍음이 많지만 친해지면 수다
쟁이가 됩니다. 이 게임에서 유일하게 3단 점프를
할 수 있답니다.

호이

호이는 너무 똑똑해서 아는 체를 잘하고, 친구들
이 무슨 일이 생겼을 때 가장 먼저 나서서 도와주
는 의리의 친구입니다. 유일하게 하늘을 날아다니
는 날렵한 캐릭터입니다.

따라하기

장면4 무라와 들판 움직이기

이제 작품의 미션용 파일을 열어 작품을 만들어 볼까요? 우측 상단에는 장면 이름과 오브젝트가 표시되어 있으니 항상 확인하고 해당 오브젝트를 선택 후 코딩해주세요. [장면1]은 완성되어 있으니 [장면4]의 '들판' 오브젝트를 선택하고 블록을 조립해 보세요.

※ 각 오브젝트 내에 이미 존재하는 블록들은 삭제하지 마세요.

장면4 들판

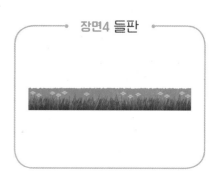

장면4 무라

반복적으로 다음 모양으로 바꾸어 들판을 달리는 효과를 냅니다.

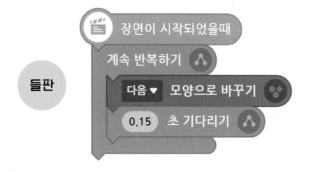

'무라' 오브젝트를 선택하여 다음과 같이 블록을 조립합니다.
무라가 해당 위치에서 달리는 효과를 냅니다.

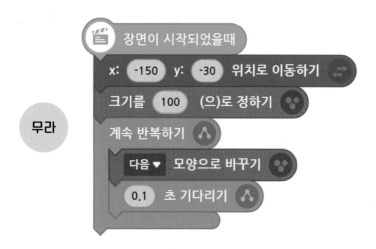

미션 ★ Smart mission

제크, 뭉크, 호이 배치

나머지 3개의 캐릭터 '제크', '뭉크', '호이'도 '무라'와 같이 자리에 배치시켜 달리는 효과를 내보세요.

장면4 제크

제크는 'x: −40 y: −30',
뭉크는 'x: 60 y: −30',
호이는 'x: 160 y: −30' 위치로 이동한다.

제크와 뭉크는 '0.1'초마다 다음 모양으로 바꾸고,
호이는 '0.5'초마다 다음 모양으로 바꾼다.

장면4 뭉크

장면4 호이

원하는 캐릭터를 클릭하여 게임 Start!

무라의 블록을 복사해서 사용하세요.

와우~ 어떤
캐릭터가 가장
좋을까??

TIP

다른 오브젝트나 자신만의 이미지로 캐릭터를 꾸미고 싶으면 게임이 완성된 후에 바꿔 볼 수 있습니다.

미션 확인

제목 효과 주기

호이는 날아다니는 캐릭터로 비행하는 느낌을 주기 위해 '0.5'초 간격으로 모양을 바꿉니다.
크기는 '100'이 이미지의 원래 크기이고, '0'으로 정하면 보이지 않습니다.

미션 ★ Text mission

캐릭터 선택 효과 주기

이제 다시 '무라' 오브젝트를 선택합니다. 캐릭터를 선택하였을 때 효과를 주면서 몇 가지 신호와 설정을 해야 합니다. 다음 지문을 따라 블록을 조립해보세요.

> 🎮 **오브젝트를 클릭했을 때**
>
> 만일 [캐릭터선택홀드] 값이 '0'이라면,
> [캐릭터선택홀드]를 '1'로 정하고,
> [캐릭터선택]을 '1'로 정한다.
> [또이]를 재생하고,
> [캐릭터선택시작] 신호를 보내고,
> [캐릭터선택제자리] 신호를 보낸다.
> '1'초 후에 [캐릭터선택홀드]를 '0'으로 정한다.

다른 캐릭터 3개에도 블록을 복사하여 다음 부분만 변경합니다.

> 제크는 [캐릭터선택]을 '2', 소리는 [기합],
> 뭉크는 [캐릭터선택]을 '3', 소리는 [놀라는소리],
> 호이는 [캐릭터선택]을 '4', 소리는 [호루라기]

아직 신호 처리를 하지 않아 캐릭터는 클릭 시 소리를 내는 것만 확인할 수 있습니다. 블록을 복사 시 여러 개 복사되지 않도록 주의해주세요.

장면4 무라

장면4 제크

장면4 뭉크

장면4 호이

미션 확인

캐릭터 선택 효과 주기

장면4 무라, 제크, 뭉크, 호이

무라

```
오브젝트를 클릭했을 때
만일 < 캐릭터선택홀드 ▼ 값 = 0 > 이라면
    캐릭터선택홀드 ▼ 를 1 로 정하기
    캐릭터선택 ▼ 를 1 로 정하기
    소리 또이 ▼ 재생하기
    캐릭터선택시작 ▼ 신호 보내기
    캐릭터선택제자리 ▼ 신호 보내기
    1 초 기다리기
    캐릭터선택홀드 ▼ 를 0 로 정하기
```

뭉크

```
오브젝트를 클릭했을 때
만일 < 캐릭터선택홀드 ▼ 값 = 0 > 이라면
    캐릭터선택홀드 ▼ 를 1 로 정하기
    캐릭터선택 ▼ 를 3 로 정하기
    소리 놀라는소리 ▼ 재생하기
    캐릭터선택시작 ▼ 신호 보내기
    캐릭터선택제자리 ▼ 신호 보내기
    1 초 기다리기
    캐릭터선택홀드 ▼ 를 0 로 정하기
```

제크

```
오브젝트를 클릭했을 때
만일 < 캐릭터선택홀드 ▼ 값 = 0 > 이라면
    캐릭터선택홀드 ▼ 를 1 로 정하기
    캐릭터선택 ▼ 를 2 로 정하기
    소리 기합 ▼ 재생하기
    캐릭터선택시작 ▼ 신호 보내기
    캐릭터선택제자리 ▼ 신호 보내기
    1 초 기다리기
    캐릭터선택홀드 ▼ 를 0 로 정하기
```

호이

```
오브젝트를 클릭했을 때
만일 < 캐릭터선택홀드 ▼ 값 = 0 > 이라면
    캐릭터선택홀드 ▼ 를 1 로 정하기
    캐릭터선택 ▼ 를 4 로 정하기
    소리 호루라기 ▼ 재생하기
    캐릭터선택시작 ▼ 신호 보내기
    캐릭터선택제자리 ▼ 신호 보내기
    1 초 기다리기
    캐릭터선택홀드 ▼ 를 0 로 정하기
```

미션 ★★ Text mission

캐릭터 선택 함수 만들기

이제 다시 '무라' 오브젝트로 돌아와서 '캐릭터선택' 함수를 만들어 사용해보겠습니다. 캐릭터를 클릭했을 때 모든 캐릭터에게 신호를 보내 이 함수를 통해 효과내는 기능을 합니다. 함수는 모든 오브젝트에서 사용할 수 있기 때문에 꼭 '무라' 오브젝트에서 생성하지 않아도 사용할 수 있습니다.

장면4 무라

다음과 같이 함수 이름과 입력값을 넣은 후 아래 지문에 따라 함수 정의하기 블록 하단에 조립합니다. 입력값인 [문자/숫자값]을 드래그해서 사용합니다.

만일 [캐릭터선택] 값이 [문자/숫자값1]과 같다면
크기를 '150'으로 정하고, [밝기] 효과를 '0'으로 정한다.
'x: [문자/숫자값2] y: [문자/숫자값3]' 위치로 이동하고,
'0.3'초 동안 'x: 0 y: 100'만큼 움직인 후
'0.3'초 동안 'x: 0 y: −70'만큼 움직인다.
아니면
크기를 '100'으로 정하고, [밝기] 효과를 '50'으로 정하고,
'x: [문자/숫자값2] y: [문자/숫자값3]' 위치로 이동한다.

힌트

'만일 ∼ 아니면' 블록을 이용해서 조립하세요. 함수만 정의하였기 때문에 실행해도 선택 효과가 나타나지는 않습니다.

미션 확인 ▼

캐릭터 선택 함수 만들기

장면4 무라

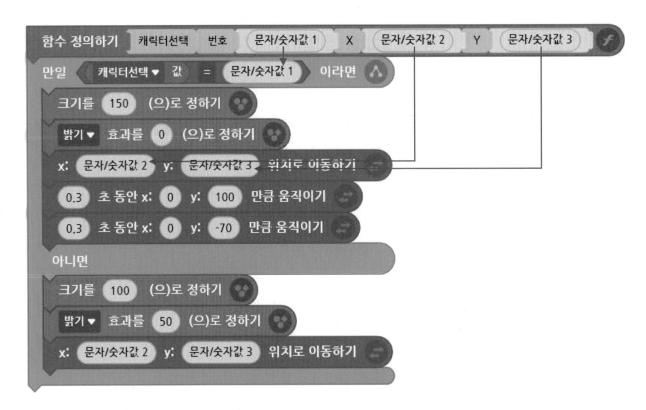

함수 안에서 사용되는 [문자/숫자값]은 모두 위에 정의하기 블록에 있는 [문자/숫자값]을 드래그해서 사용합니다. 첫 번째 입력값은 캐릭터번호, 두 번째는 x좌표, 세 번째는 y좌표임을 알 수 있습니다. 캐릭터번호가 자신의 캐릭터라면 선택된 것으로 크기가 커지고, 위아래로 움직이는 효과를 주고 선택되지 않았다면 원래의 자리로 가는 효과를 줍니다. 밝기는 '0'이 원래 밝기이고, '100'이 가장 밝은 효과를 줍니다. 반대로 '−100'은 가장 어두운 효과를 줍니다.

따라하기

캐릭터 선택 함수 사용하기

이제 만든 함수를 각 캐릭터에 신호를 보냈을 때 사용합니다. 함수를 사용하는 것을 함수를 호출한다고 표현합니다. 캐릭터마다 다음과 같이 함수를 호출해보세요.

장면4 무라

무라

캐릭터선택제자리 ▼ 신호를 받았을 때
캐릭터선택 번호 1 X -150 Y -30 f

장면4 제크

제크

캐릭터선택제자리 ▼ 신호를 받았을 때
캐릭터선택 번호 2 X -40 Y -30 f

뭉크

캐릭터선택제자리 ▼ 신호를 받았을 때
캐릭터선택 번호 3 X 60 Y -30 f

장면4 뭉크

호이

캐릭터선택제자리 ▼ 신호를 받았을 때
캐릭터선택 번호 4 X 160 Y -30 f

장면4 호이

제크를 선택했을 때 다음 그림과 같이 효과가 나타납니다.

따라하기 ▼

캐릭터명

이제 '캐릭터명' 오브젝트를 선택합니다. 캐릭터가 선택되었을 때 각각의 캐릭터 이름을 하단에 표시해줍니다.

장면4 캐릭터명

가

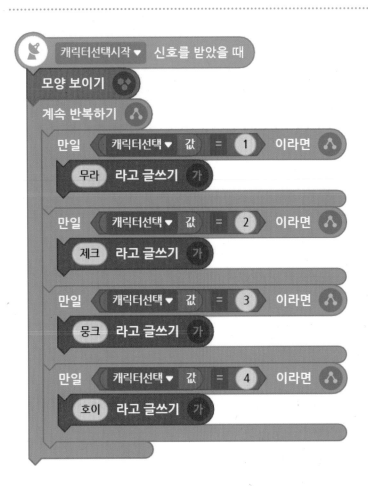

스타트

장면4 스타트

가

'스타트' 오브젝트를 선택하여 다음과 같이 블록을 조립해주세요. 캐릭터를 선택 후 [Start] 버튼을 클릭해 게임 장면을 시작합니다.

미션 ★★ Text mission

나무 움직이기

이제 본 게임 장면인 [장면2-메인]을 선택합니다. [장면2]는 오브젝트들이 다소 많습니다. 실행 화면에서 오브젝트를 선택하지 말고, 오브젝트 목록에서 선택합니다.

장면2 나무

먼저, '나무' 오브젝트를 선택합니다. 나무가 오른쪽에서 왼쪽으로 반복적으로 지나가도록 해서 달리는 효과를 줍니다. 먼저 다음과 같이 장면이 시작되면 처음 자신의 복제본을 만듭니다.

🎮 복제본이 처음 생성되었을 때

모양을 보이고
'x: 280' 위치로 이동한다.
[자신의 x좌푯값]이 '-280'보다 작을 때까지
'1'초 동안 'x: -50 y: 0'만큼 움직이는 것을 반복한다.
반복이 끝난 후
자신의 복제본을 만들고
이 복제본을 삭제한다.

'복제본 만들기' 블록을 사용했으면 대부분 '복제본이 처음 생성되었을 때' 블록과 함께 사용된다는 점과 복제본을 만들었으면 복제본을 삭제해야 한다는 점에 주의하세요. 그리고 실행했을 때 나무가 오른쪽에서 왼쪽으로 반복적으로 움직이는지 확인합니다.

TIP

실수로 오브젝트가 삭제됐다면 Ctrl+Z를 눌러 복구할 수 있습니다. 본 게임 장면에서는 복제를 많이 사용하기 때문에 복제 관련 블록을 잘못 조립하여 화면이 멈추는 경우가 발생할 수 있습니다. 자주 저장하는 습관을 들이도록 하세요.

미션 확인

나무 움직이기

장면2 나무

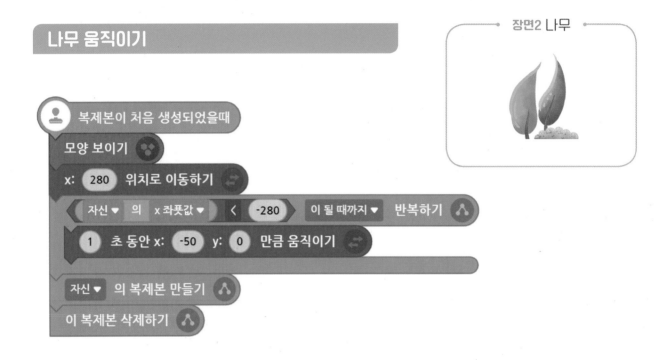

오른쪽에서 왼쪽으로 움직이게 하려면 먼저, 오른쪽 끝 'x: 280' 위치로 이동시킨 후 왼쪽 끝까지 가야하므로, '-280'보다 작아질 때까지 반복합니다. 실행 화면의 가로의 범위는 '-240~240'이지만, 오브젝트의 크기에 따라 화면에서 안 보여야 하기 때문에 값을 크게 주는 것입니다. 왼쪽으로 부드럽게 이동하기 위해서 '1초 동안 ~ 움직이기' 블록을 사용하고, 가로로만 움직이기 때문에 x만 '-50'만큼 움직이고, y는 '0'을 주어 움직이지 않습니다. 왼쪽으로 이동한 후에 새로운 복제본을 만들고, 지금의 복제본은 삭제됩니다. 그럼, 새로운 복제본이 다시 반복해서 오른쪽에서 나타납니다.

앞으로 이런 형태의 블록을 많이 사용하게 됨으로 블록의 구성을 잘 익혀두면 미션을 좀 더 쉽게 해결할 수 있답니다.

미션 ★★
Smart mission

돌·구름·수풀 움직이기

나무가 잘 움직이나요? 이제 '돌', '구름', '수풀' 오브젝트도 나무와 같은 형태로 움직이도록 해보겠습니다. 나무의 블록을 복사해서 수정하면 되는데 가까이 있는 물체는 빠르게 멀리 있는 물체는 천천히 움직이도록 해서 자연스럽게 캐릭터가 달려가는 효과를 낼 수 있습니다.

장면2 돌

장면2 구름

돌은 '1'초 동안 왼쪽으로 '100'씩 빠르게 움직이도록 한다.
구름은 '1'초 동안 왼쪽으로 '10'씩 천천히 움직이도록 한다.
수풀은 왼쪽으로 '230'씩 아주 빠르게 움직이도록 한다.
단, 수풀은 다음 복제본을 만들기 전 '3'초를 기다린다.

장면2 수풀

오브젝트 목록에서 '수풀'이 '무라' 오브젝트보다 위쪽에 있기 때문에 화면에서 무라보다
더 앞에 있는 것처럼 보여집니다.

미션 확인

돌·구름·수풀 움직이기

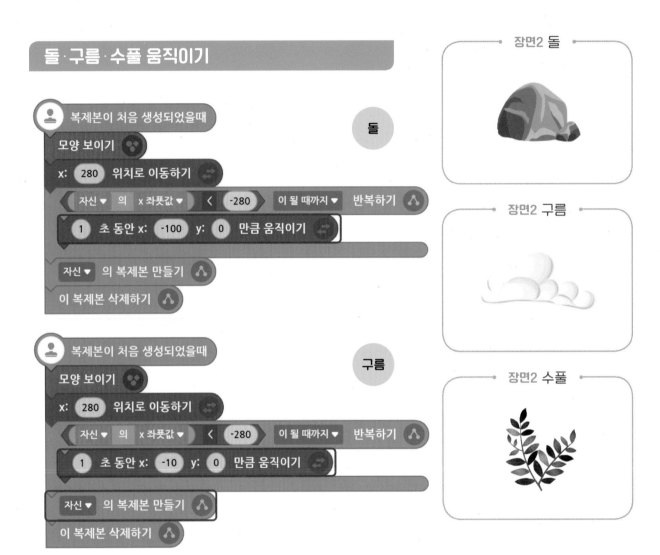

돌

복제본이 처음 생성되었을때
- 모양 보이기
- x: 280 위치로 이동하기
- 〈 자신▼ 의 x 좌푯값▼ 〉 < -280 이 될 때까지▼ 반복하기
  - 1 초 동안 x: -100 y: 0 만큼 움직이기
- 자신▼ 의 복제본 만들기
- 이 복제본 삭제하기

구름

복제본이 처음 생성되었을때
- 모양 보이기
- x: 280 위치로 이동하기
- 〈 자신▼ 의 x 좌푯값▼ 〉 < -280 이 될 때까지▼ 반복하기
  - 1 초 동안 x: -10 y: 0 만큼 움직이기
- 자신▼ 의 복제본 만들기
- 이 복제본 삭제하기

장면2 돌

장면2 구름

장면2 수풀

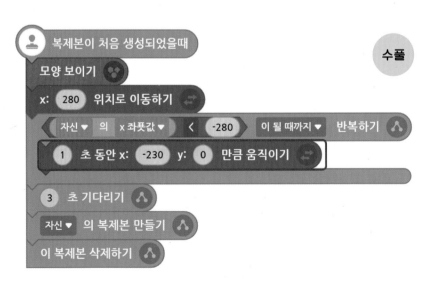

수풀

복제본이 처음 생성되었을때
- 모양 보이기
- x: 280 위치로 이동하기
- 〈 자신▼ 의 x 좌푯값▼ 〉 < -280 이 될 때까지▼ 반복하기
  - 1 초 동안 x: -230 y: 0 만큼 움직이기
- 3 초 기다리기
- 자신▼ 의 복제본 만들기
- 이 복제본 삭제하기

오브젝트들이 한번에 잘 움직이 나요? '구름' 오브젝트처럼 왼쪽 으로 '10'만큼 움직이려면 '-10'을 줘야한다는 것에 주의하세요.

미션 ★★★
Smart mission

무라 점프

무라가 들판을 자연스럽게 잘 달려나가고 있나요? 이제 '무라' 오 브젝트를 선택합니다. 숫자 1 키를 눌렀을 때 자연스럽게 점프를 할 수 있습니다. 작품 초반에 가속도와 점프에 대해서 생각해보 았습니다. 이제 이 게임에서 가장 중요한 자연스러운 점프를 무라 가 멋지게 하도록 해보세요.

장면2 무라

🎮 [무라선택] 신호를 받았을 때

[1] 키를 눌렀을 때 점프를 하도록 한다.
[점프높이]를 '6'으로 정한다.
'~번 반복하기' 블록 안에서
'[점프높이] 변수와 y좌표를 ~만큼 바꾸기' 블록을
사용하여 점프 효과를 구현한다.

힌트

점프를 시작할 때 [점프높이]는 '6'입니다. 반복문 안에서 [점프높이] 값을 '0.3'만큼씩 줄이면 점점 줄어서 결국 '0'이 됩 니다. 그 후에 '-(마이너스)' 값이 되고, 점점 늘어나서 다시 '-6'이 됩니다. 즉, [점프높이]가 '-6'이 될 때까지 횟수만큼 반복하면 됩니다.

미션 확인

무라 점프

```
무라선택 ▼ 신호를 받았을 때
계속 반복하기
    만일   1 ▼  키가 눌러져 있는가?   이라면
        점프높이 ▼ 를  6  로 정하기  ?
        41  번 반복하기
            y 좌표를   점프높이 ▼  값  만큼 바꾸기
            점프높이 ▼  에  -0.3  만큼 더하기  ?
```

장면2 무라

숫자 1 키를 눌렀을 때 점프를 하게 하기 위해 계속 반복문 안에서 조건문을 넣어야 합니다. 언제 키가 눌려질 지 모르기 때문이죠. 점프가 시작되기 전 [점프높이]를 '6'으로 정한 후에 y좌표를 [점프높이]만큼 바꾸면서 [점프높이]를 '-0.3'씩 줄여 주면 [점프높이]는 '6'에서 '5.7 > 5.4 >' 식으로 줄어 '0'이 됐다가 다시 '-0.3 > -0.6 >' 식으로 되어 '-6'이 될 때까지 반복 횟수는 '41'이 됩니다.

점프하는 방법이 이해가 잘 됐다면 더 높이 점프시켜 볼 수 있습니다.

TIP

좀 더 쉽게 반복 횟수를 기준으로 5번 반복한다고 하면 어떻게 해야 할까요? [점프높이]가 6이니까 반복문 안에서 '-3'씩 값을 바꾸면 첫 번째는 '6', 두 번째는 '3', 세 번째는 '0', 네 번째는 '-3', 다섯 번째는 '-6'으로 다시 제자리로 돌아오게 됩니다.
그럼, 이걸 y좌표가 이동한 거리로 계산해볼까요? 첫 번째, 두 번째에서 '6+3'로 9만큼 위로 올라갔다가 네 번째, 다섯 번째 '-3 + -6'으로 '-9'만큼 아래로 내려오게 됩니다. 이걸 '-3'씩이 아니라 '-0.3'씩 10분의 1로 줄인다면, 2번에서 '20'번 위로 올라갔다가 맨 위에서 멈추는 한번 그리고 20번 아래로 내려가서 '20×2+1=41'이 됩니다.

수학을 좋아하는 학생이라면 다음과 같은 계산식을 만들어 낼 수 있을 겁니다.
6 / 0.3×2+1=41
'첫 점프높이' / '변경 높이'×2+1='반복 횟수'

너무 걱정할 필요없어. 코딩은 계산을 잘하는 것보다 컴퓨터에게 어떻게 명령을 내릴 지 생각하는 것이 더 중요하거든.

아.. 코딩도 수학을 잘해야 하는건가?

미션 ★★
Text mission

동전 복제본 생성

무라에게 점프하는 기능이 생겼습니다. 이제 '동전' 오브젝트를 선택합니다. 동전이 반복적으로 복제되어 오른쪽에서 왼쪽으로 무리를 지어 나오게 합니다. 복제본을 만들고, 복제본이 생성되었을 때 움직이는 기능을 만들고 무라가 동전을 먹을 수 있는 기능을 순서대로 만듭니다. 먼저 복제본을 생성하는 것부터 해봅니다.

장면2 동전

🎮 장면이 시작되었을 때

크기를 '30'으로 정하고 모양을 숨긴다.
'계속 반복하기' 블록 안에
'2'초 기다린 후
'3~10 사이 무작위 수'번 반복 안에서
'0.2'초 기다린 후 자신의 복제본을 만든다.

🎮 복제본이 처음 생성되었을 때

'0.1'초 간격으로
[다음] 모양으로 바꾸는 것을 반복한다.

'계속 반복하기' 안에 '~번 반복하기' 블록이 들어가는 구조입니다.
복제본을 만들기만 하였음으로 아직 동전이 보여지지 않습니다.

미션 확인

동전 복제본 생성

장면2 동전

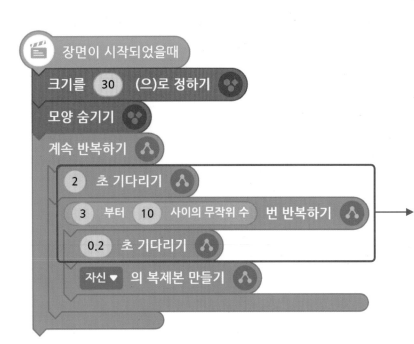

'2'초마다 한 번씩 동전 무리가 3개에서 10개씩 나옵니다. 동전 간의 간격은 '0.2'초입니다.

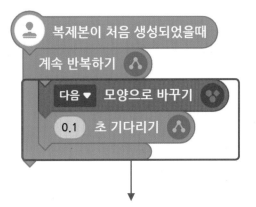

동전의 [모양] 탭을 보면 5개의 모양을 확인할 수 있습니다. 반복적으로 다음 모양으로 바꾸면서 동전이 빙글빙글 돌아가는 효과를 냅니다.

미션 ★★
Smart mission

동전 움직이기

동전은 아직 보이지 않습니다. 이제 동전 무리가 오른쪽에서 왼쪽으로 나타나도록 해보겠습니다. '나무', '돌', '수풀' 등의 배경 오브젝트의 블록과 구성이 비슷하니 참조하여 다음 미션을 수행해보세요.

장면2 동전

🎮 복제본이 처음 생성되었을 때

오른쪽 끝에서 왼쪽 끝까지
'0.1'초 동안 왼쪽으로 '20'만큼 움직이도록 한다.

오른쪽에서 나타날 때
y값은 '-20 ~ 50 사이 무작위 수'로 한다.
오른쪽 끝의 x좌표는 '270'으로 하고,
왼쪽 끝은 '-250'으로 한다.

왼쪽 끝까지 움직인 후에는 복제본을 삭제한다.

힌트

처음 동전은 모양이 숨겨져 있는 상태이니 오른쪽 끝으로 이동한 후 모양을 보이게 해야 합니다. 반복문은 계속 반복이 아니고, '참이 될 때까지 반복하기' 블록을 사용합니다. [계산] 메뉴의 '자신의 x좌푯값'과 왼쪽 끝의 x좌표를 비교하여 반복문의 조건을 만들어 보세요.

미션 확인

동전 움직이기

처음 오른쪽 끝의 y좌표를 '-20~50' 사이로 주는 것은 캐릭터가 점프를 했을 때 닿을 수 있을 정도의 범위의 무작위 위치에서 나오도록 하기 위해서입니다.

반복문의 연산에서 자주 실수 하는 부분은 '자신의 x좌푯값'이 '-250과 같아질 때까지'로 비교 연산을 주는 경우가 많은데 그 조건이 딱 맞았을 때는 원하는 대로 동작할 수 있습니다. 그러나 그 값을 넘어가는 경우가 대부분이기 때문에 계속 반복처럼 실행되는 경우가 많습니다. 왼쪽으로 갈 경우엔 x좌표가 점점 작아지고, 오른쪽으로 갈 경우엔 x좌표가 점점 커진다는 점을 기억하고 코딩해보세요.

미션 ★
Smart mission

장면2 동전

동전 먹기

자, 이제 동전 무리가 빙글빙글 돌면서 잘 움직이나요? 그런데 아직 무라가 이 동전들을 먹지 못하고 지나가 버리네요. 무라가 동전을 먹을 수 있도록 하려면 어떻게 해야 할까요?

동전이 움직이고 있는 동안 무라에 닿으면
점수에 '10'만큼 더한다.
[투명도] 효과를 '10'만큼 주고, 크기를 '7'만큼 바꾸고 '0.01'초 기다리는 것을 '10'번 반복한다.
모양을 숨기고 [마르카사]를 재생한다.

힌트

방금 전 동전이 움직이고 있는 반복문 안에서 코딩해야 합니다. 코딩 후 실행하여 동전이 무라에 닿으면 소리와 효과를 주면서 사라지는지 확인하세요.

미션 확인

동전 먹기

장면2 동전

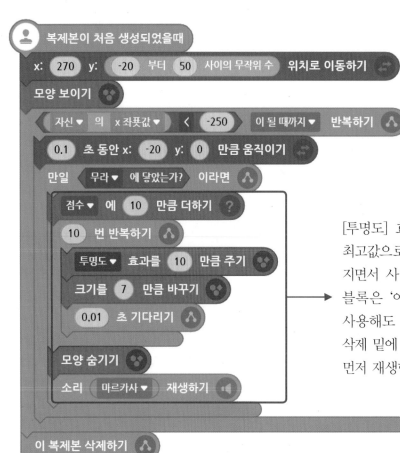

[투명도] 효과는 '0'이 원래 값이고, '100'이면 최고값으로 보여지지 않게 됩니다. 즉, 점점 커지면서 사라지는 효과를 냅니다. '모양 숨기기' 블록은 '이 복제본 삭제하기' 블록으로 바꿔 사용해도 동일한 효과를 줍니다. 단, 복제본 삭제 밑에 블록은 붙일 수 없기 때문에 소리를 먼저 재생한 후 삭제하면 됩니다.

TIP

혹시, 게임에 사용되는 소리를 다른 외부 소리로 바꾸고 싶다면 10M 이하의 'mp3' 형태의 파일을 업로드하여 사용할 수 있습니다.

소리 선택   파일 올리기

❗ 10MB 이하의 mp3 형식의 파일을 추가할 수 있습니다.

블록 모양 **소리** 속성

소리 추가하기 ➡

⬆

파일 올리기

미션 ★
Smart mission

하트 복제 움직이기

점프를 해서 동전을 모두 먹을 수 있게 됐나요? 이제 '하트' 오브젝트를 선택합니다. 이번에는 생명력을 올려주는 하트가 나오도록 해보겠습니다. 동전과 블록의 구성은 비슷하니 참조하여 미션을 수행해보세요. 실행하여 하트가 '15~20'초 이후 오른쪽에서 두근두근 거리면서 나타나는 지 확인하세요.

장면2 하트

🎮 장면이 시작되었을 때

모양을 '30'으로 바꾸고 모양을 숨긴다.
'15~20'초 기다리고 자신의 복제본을
만드는 것을 계속 반복한다.

🎮 복제본이 처음 생성되었을 때

'0.1'초 단위로 크기를 '10'만큼
늘렸다 줄였다를
계속 반복한다.

🎮 복제본이 처음 생성되었을 때

오른쪽 끝에서 왼쪽 끝까지 '0.1'초 동안 왼쪽으로 '30'만큼 움직이도록 한다.
오른쪽에서 나타날 때 y값은 '-20~50 사이 무작위 수'로 한다.
오른쪽 끝의 x좌표는 '270'으로 하고 왼쪽 끝은 '-250'으로 한다.
왼쪽 끝까지 움직인 후에는 복제본을 삭제한다.

힌트

블록을 주어진 미션대로 3개로 나누어 조립하세요. 두근두근 효과는 '크기를 ~만큼 바꾸기' 블록을 사용하여 '10'만큼 바꾼 후 다시 되돌리려면 '-10'만큼 바꾸면 됩니다.

미션 확인

하트 복제 움직이기

장면2 하트

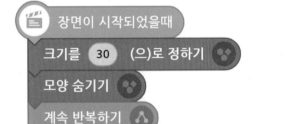

```
장면이 시작되었을때
크기를 30 (으)로 정하기
모양 숨기기
계속 반복하기
    15 부터 20 사이의 무작위 수 초 기다리기
    자신 ▼ 의 복제본 만들기
```

→ '15~20'초 사이에 하나씩 복제되어 나타나게 합니다.

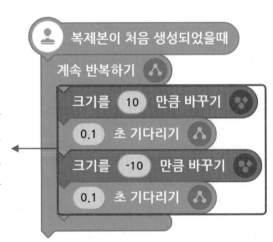

```
복제본이 처음 생성되었을때
계속 반복하기
    크기를 10 만큼 바꾸기
    0.1 초 기다리기
    크기를 -10 만큼 바꾸기
    0.1 초 기다리기
```

이런 블록 구성 패턴은 다른 형태로도 유용하게 사용할 수 있습니다. 크기 외에 [색깔]이나 [투명도] 및 [밝기]를 같은 형태로 일정 간격으로 효과를 줬다가 빼면 반짝이는 버튼, 적이 총알에 맞았을 때 효과 등 다양하게 사용할 수 있습니다.

```
복제본이 처음 생성되었을때
x: 270 y: -20 부터 50 사이의 무작위 수 위치로 이동하기
모양 보이기
자신 ▼ 의 x좌푯값 ▼ < -250 이 될 때까지 ▼ 반복하기
    0.1 초 동안 x: -30 y: 0 만큼 움직이기
이 복제본 삭제하기
```

→ 하트의 복제본이 움직이는 부분은 동전과 동일하고, '0.1'초 동안 움직이는 속도만 '-30'으로 좀 더 빠르게 움직입니다.

따라하기

하트 먹기

하트가 잘 나타나나요? 동전과 마찬가지로 이제 하트도 같은 형태로 무라가 먹을 수 있도록 해보겠습니다. 이번에도 하트가 움직이고 있는 반복문 안에서 무라가 닿았을 때 효과를 주는 형태로 주어진 지문과 블록을 보고 따라해보도록 하세요.

장면2 하트

움직이는 하트에 무라가 닿으면
[생명력]을 '1'만큼 더한다.
[생명력갱신] 신호를 보내고 모양을 숨긴다.
[기합]을 재생한다.

복제본이 처음 생성되었을때

x: 270 y: -20 부터 50 사이의 무작위 수 위치로 이동하기

모양 보이기

자신 ▼ 의 x좌푯값 ▼ < -250 이 될 때까지 ▼ 반복하기

0.1 초 동안 x: -30 y: 0 만큼 움직이기

만일 무라 ▼ 에 닿았는가? 이라면

생명력 ▼ 에 1 만큼 더하기 ?

생명력갱신 ▼ 신호 보내기

모양 숨기기

소리 기합 ▼ 재생하기

이 복제본 삭제하기

동전처럼 효과를 주고 싶다면 모양을 숨기기 전 자신만의 효과를 추가해보세요.

따라하기

장면2 폭탄

폭탄 복제

생명력을 올려주는 하트도 나오게 되었습니다. 이제 생명력을 줄이는 유일한 아이템인 폭탄을 만들겠습니다. 없으면 좋겠지만 게임을 재미있고 난이도 있게 만들기 위한 어쩌면 가장 중요한 아이템일 수도 있습니다. 폭탄을 복제하는 부분은 함수를 이용하여 다소 복잡한 구성임으로 주어진 블록을 따라서 조립해보세요.

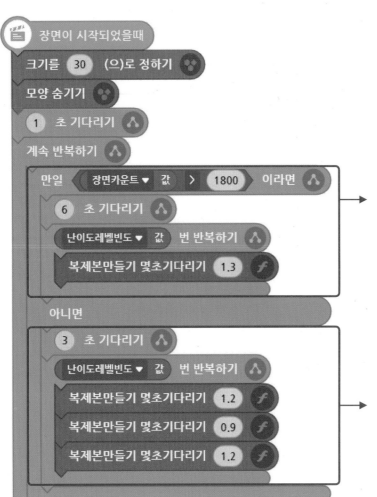

장면카운트를 기준으로 2가지 형태로 폭탄을 복제합니다. '1800'보다 크면 즉, 초반 '5000'부터 '1800'까지는 '6'초마다 폭탄 무리가 나오는데 그 나오는 개수는 장면카운트가 줄어들면서 늘어납니다. 그 계산값을 [난이도레벨빈도] 변수에 저장합니다.

장면카운트가 '1800' 이하로 줄면 '3'초 단위로 복제를 하는데 기본 3개씩 [난이도레벨빈도]번 반복해서 복제를 합니다. 마찬가지로 장면카운트가 줄면서 더 많은 폭탄이 복제되어 나옵니다.

'복제본만들기 몇초기다리기' 함수는 입력값 '초'를 기다린 후에 자신을 복제하는 간단한 블록으로 이루어진 함수입니다. 함수 안의 입력값은 '초'이고 캐릭터가 점프할 수 있을 정도의 간격으로 되어 있습니다. 값을 변경해도 되지만 난이도가 아주 쉽거나 아주 어려워 끝까지 도달하지 못할 수도 있습니다.

미션 ★★
Smart mission

폭탄 움직이고 부딪히기

장면2 폭탄

이제 폭탄이 복제되었을 때 움직이도록 하겠습니다. 하트와 비슷한 형태로 오른쪽에서 나와 왼쪽으로 움직입니다. 하트처럼 크기를 늘렸다 줄였다 효과도 주고 이번에는 무라에 부딪혔을 때 효과까지 같이 해보겠습니다. 폭탄이 크기 효과를 내며 나타나고 무라에 닿으면 효과를 내며 사라지는지 확인해보세요.

🎮 복제본이 처음 생성되었을 때

오른쪽 끝에서 왼쪽 끝까지 '0.1'초 동안 왼쪽으로 '30'만큼 움직이도록 한다.
오른쪽에서 나타날 때 y값은 '-60~20 사이 무작위 수'로 한다.
오른쪽 끝의 x좌표는 '270'으로 하고, 왼쪽 끝은 '-250'으로 한다.
왼쪽 끝까지 움직인 후에는 복제본을 삭제한다.

움직이는 폭탄에 무라가 닿으면
[생명력]을 1만큼 줄이고
[폭탄_터진] 모양으로 바꾸고
[놀라는소리]를 재생한다.
'0.5'초 후에 모양을 숨긴다.

🎮 복제본이 처음 생성되었을 때

'0.1'초 단위로 크기를 '10'만큼
늘렸다 줄였다를
계속 반복한다.

힌트

'하트' 오브젝트의 블록들을 참조하면 미션을 좀 더 쉽게 수행할 수 있습니다.

미션 확인

폭탄 움직이고 부딪히기

복제본이 처음 생성되었을때

x: 270 y: -60 부터 20 사이의 무작위 수 위치로 이동하기

모양 보이기

자신 ▼ 의 x 좌푯값 ▼ < -250 이 될 때까지 ▼ 반복하기

0.1 초 동안 x: -30 y: 0 만큼 움직이기

만일 무라 ▼ 에 닿았는가? 이라면

생명력 ▼ 에 -1 만큼 더하기

폭탄_터진 모양으로 바꾸기

소리 놀라는소리 ▼ 재생하기

0.5 초 기다리기

모양 숨기기

이 복제본 삭제하기

'하트' 오브젝트와 거의 동일한 구조입니다. 모양 숨기기 전 크기나 [투명도] 효과를 주는 것도 좋습니다.

복제본이 처음 생성되었을때

계속 반복하기

크기를 10 만큼 바꾸기

0.1 초 기다리기

크기를 -10 만큼 바꾸기

0.1 초 기다리기

폭탄의 크기가 커졌다 줄었다 하는 효과는 하트와 동일합니다.

미션 ★★★
Text mission

생명력 표시하기

생명력을 줄이는 '폭탄'과 늘리는 '하트' 오브젝트를 만들었습니다. 이제 '생명력' 오브젝트를 선택합니다. 처음 [생명력]은 '3'이고, 이 [생명력] 변수를 이용하여 '생명력' 오브젝트의 복제본으로 표현해 보겠습니다. 각각의 복제본에 번호를 부여하는 형태인데 여기서 사용할 변수는 [no1]으로 '생명력' 오브젝트에서만 사용할 수 있는 변수입니다. 이런 변수를 '지역변수'라고도 부릅니다. 개념이 다소 어려우니 각각의 복제본에 번호를 붙인다 정도로 생각하고 미션 을 천천히 수행해보세요. 그리고 우측 상단에 '생명력'이 잘 표시 되고 하트와 폭탄에 닿았을 때 변하는지 확인하세요.

장면2 생명력

🎮 장면이 시작되었을 때
'1'초 후에 [생명력갱신] 신호를 보낸다.

🎮 [생명력갱신] 신호를 받았을 때
모든 복제본을 삭제하고,
[no1]을 '0'으로 정한다.
[no1]에 '1'만큼 더하고,
자신의 복제본 만드는 것을
[생명력] 번 반복한다.

🎮 복제본이 처음 생성되었을 때
'x: 240 − (20 × [no1]값), y: 95'로
이동한 후 모양을 보인다.
만일 [no1]이 [생명력]보다 크면 복제본을
삭제하고 '1'초 기다리는 것을 계속 반복한다.

힌트

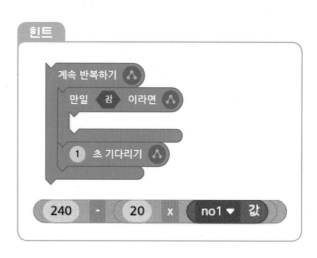

미션 확인 ▼

생명력 표시하기

장면2 생명력

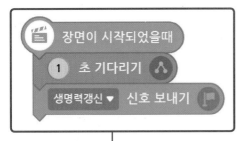

처음 장면이 시작되면 [생명력갱신] 신호를
보내 [생명력] 값만큼 복제본을 만듭니다.

'3'이면 no1에 1, 2, 3을 저장하여 복제복을
만듭니다.

생명력 각 no1 값을 20 간격으로 배치하기 위한
계산식입니다.

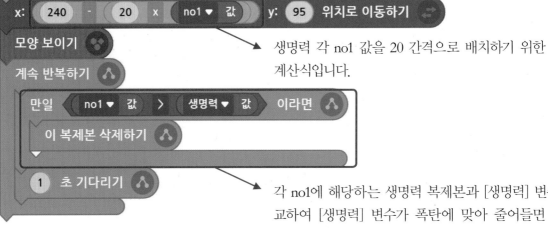

각 no1에 해당하는 생명력 복제본과 [생명력] 변수를 비
교하여 [생명력] 변수가 폭탄에 맞아 줄어들면 해당하
는 no1의 복제본을 삭제합니다.

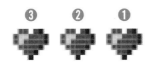

[생명력]이 3인 상태에서 폭탄에 맞아 2가 되면 3번 복
제본은 [생명력]이 2보다 크므로 복제본이 삭제됩니다.

미션 ★★ Text mission

폭탄 움직이고 부딪히기

다시 '무라' 오브젝트로 돌아옵니다. 무라의 점프만으로는 폭탄을 모두 피하기 어렵습니다. 그래서 자세를 낮추는 슬라이드 기능을 추가해 보겠습니다. 숫자 1 키를 눌렀을 때 점프를 하는 부분 밑에 스페이스바를 눌렀을 때 슬라이드 되도록 합니다. 스페이스바를 눌렀을 때 '0.7'초 동안 슬라이드 효과를 내고 다시 돌아오는지 확인하세요.

장면2 무라

만약 [스페이스] 키를 누르면
'y: (자신의 y좌푯값)−17' 위치로 이동하고,
방향을 '−77'만큼 회전한다.
'0.7'초 후에
다시 원래 위치로 돌아온다.

힌트

다시 원래 위치로 돌아오기 위해서는 y좌표와 방향에 반대의 값을 주면 됩니다.

미션 확인 ▼

무라 슬라이드

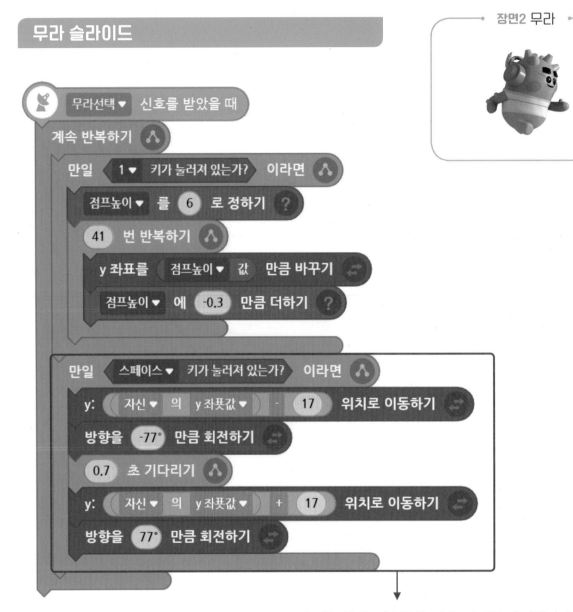

‘0.7’초 동안 비스듬히 낮은 자세를 유지했다가 다시 원래대로 돌아오기 위해 y좌표에 ‘+17’ 방향을 ‘77’만큼 회전하게 합니다.

미션 ★ Blank mission ▼

무라 2단 점프

무라가 이제 슬라이드까지 하게 되었지만, 여전히 피할 수 없는 폭탄이 있습니다. 이제 무라가 2단 점프를 할 수 있도록 해 보겠습니다. 숫자 1 키를 눌러 점프를 하고 있는 동안에 숫자 2 키를 누르면 2단 점프를 하도록 하겠습니다. 이번 미션은 빈칸 미션으로 지문을 보고 알맞은 블록을 채워 넣어 주세요.

장면2 무라

자신의 y좌푯값이 [캐릭Y]보다 작거나 같아질 때까지 반복한다.
y좌표를 [점프높이]만큼 바꾼다.
반복이 끝난 후 y좌표는 [캐릭Y] 위치로 이동한다.

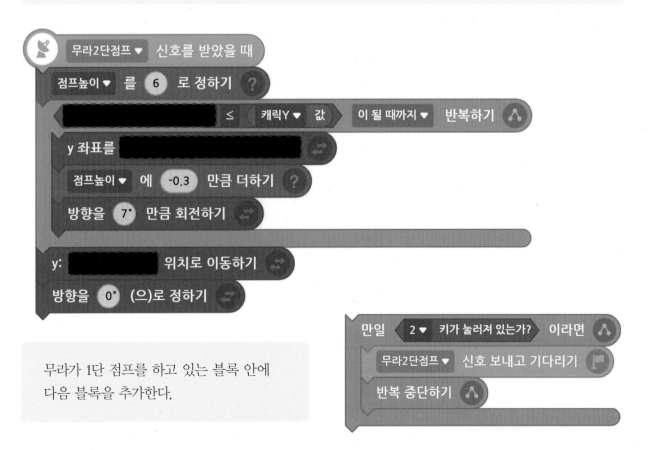

무라가 1단 점프를 하고 있는 블록 안에
다음 블록을 추가한다.

숫자 1 키를 눌러 점프를 하고 있는 도중에 숫자 2 키를 눌러 공중 회전하면서
2단 점프를 하는지 확인해보세요.

미션 확인 ▼

무라 2단 점프

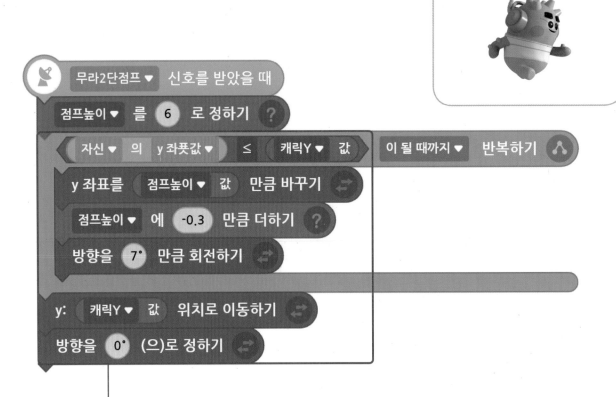

[캐릭Y] 값은 점프를 하기 전 무라의 y좌표 값입니다. 즉, 땅에 닿을 때까지 1단 점프와 같은 형태로 [점프높이]를 이용해 점프를 하되 방향을 '7'도씩 틀면서 공중회전을 하도록 효과를 주고 반복이 끝나면 원래의 y으로 바꾸고 방향도 '0'도로 똑바로 서도록 합니다.

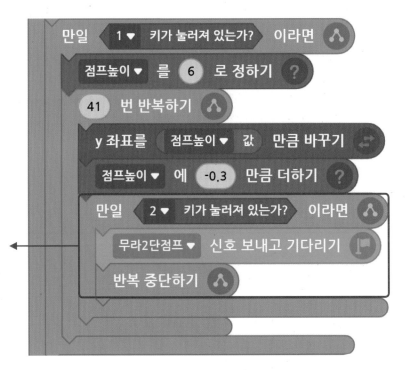

1단 점프를 하고 있는 반복문 안에 다음 블록을 추가합니다. 2단 점프 신호를 보내고 점프를 모두 끝날 때까지 기다린 후 반복을 중단합니다.

미션 ★★ Debugging mission

별 복제 움직이기

장면2 별

무라가 이제 슬라이드와 2단 점프를 하며 모든 아이템을 얻을 수 있게 되었습니다. 이제 '별' 아이템을 추가해보겠습니다. '별' 아이템은 2단 점프를 해야만 얻을 수 있는 높은 곳에서 빠르게 지나가는 아이템입니다. 이 '별'에 닿으면 높은 점수를 얻게 됩니다. 다른 아이템과 비슷하게 오른쪽 끝에서 나와 왼쪽으로 지나가는 구조입니다. 이번 미션은 디버깅 미션으로 지문과 다른 부분을 찾아 알맞게 수정해주세요.

'x: 270 y: 80~100 사이의 무작위 수' 위치로 이동한 후 모양을 보인다.
자신의 x좌푯값이 '−250'보다 작을 때까지 반복한다.
'0.1'초 동안 왼쪽으로 '35'씩 움직인다.
무라에 닿으면 점수를 '500'만큼 주고 모양을 숨긴다.

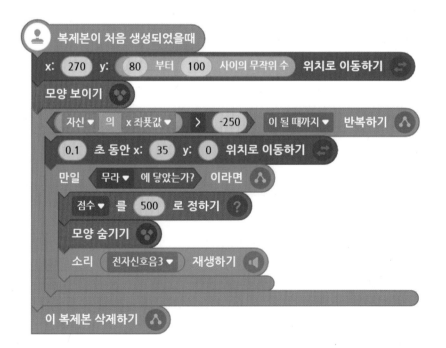

잘못된 부분은 모두 4군데입니다. 복제본을 생성하는 부분과 모양을 반복적으로 변경하여 반짝이는 효과를 주는 블록은 코딩되어 있습니다. 실행하여 별이 '15'초 주기로 나타나서 무라에 닿았을 때 점수가 늘어나는지 확인하세요.

미션 확인

별 복제 움직이기

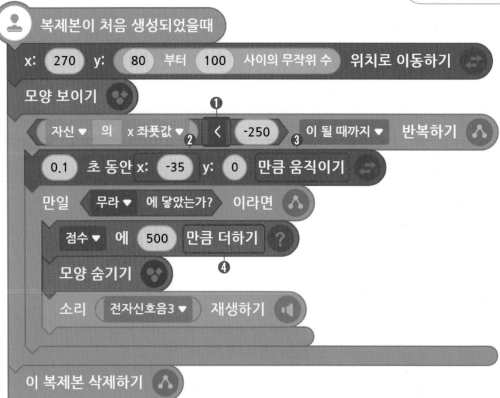

복제본이 처음 생성되었을때

x: 270 y: 80 부터 100 사이의 무작위 수 위치로 이동하기

모양 보이기

자신 ▼ 의 x 좌푯값 ▼ ② < ① -250 ③ 이 될 때까지 ▼ 반복하기

0.1 초 동안 x: -35 y: 0 만큼 움직이기

만일 무라 ▼ 에 닿았는가? 이라면

점수 ▼ 에 500 만큼 더하기 ④

모양 숨기기

소리 전자신호음3 ▼ 재생하기

이 복제본 삭제하기

❶ 왼쪽으로 가면 '−250'보다 작아야 하므로 < 비교연산자를 사용해야 합니다.

❷ 왼쪽으로 가려면 x좌표를 '−35'로 해야 합니다.

❸ 왼쪽으로 계속 움직이려면 '~만큼 움직이기' 블록을 사용해야 합니다.

❹ 점수에 더해야 하므로 '~만큼 더하기' 블록을 사용해야 합니다.

미션 ★★
Smart mission

사탕 복제 움직이기

이제 '사탕' 오브젝트를 선택합니다. '사탕' 오브젝트도 별처럼 2단 점프로만 얻을 수 있는 중요한 아이템입니다. '사탕'을 얻으면 자석 효과가 발동하여 '10'초 동안 동전이 무라에게 빨려 들어오는 효과를 냅니다. 그러면 많은 점수도 얻을 수 있습니다. 이 자석 효과를 위해서 [자석효과] 변수를 사용하게 되는데 평소에 값이 '0'이었다가 '사탕'을 먹으면 '1'로 변경하고 '10'초 후에 다시 '0'으로 변경합니다.

장면2 사탕

🎮 장면이 시작되었을 때

크기를 '50'으로 정하고 모양을 숨긴다.
'17'초 기다린 후 [자석효과]가 '0'일 때만 복제본을 만드는 것을 반복한다.

🎮 복제본이 처음 생성되었을 때

'x: 270 y: 100~110 사이 무작위 수' 위치로 이동한 후 보인다.
왼쪽 끝으로 갈 때까지 '0.1'초 동안 왼쪽으로 '45'만큼 움직인다.
움직이는 동안 무라에 닿으면
점수에 '300'을 주고 모양을 숨기고 [또이]를 재생한다.
[자석효과]를 '1'로 정하고 '10'초 기다린 후 [자석효과]를 '0'으로 정한다.
반복이 끝난 후 복제본을 삭제한다.

🎮 복제본이 처음 생성되었을 때

방향을 '55'도씩 회전하는 것을 '0.01'초 간격으로 반복한다.

'별' 오브젝트의 블록을 참조하여 미션을 수행하세요. [자석효과] 변수만 설정했기 때문에 아직 동전이 빨려 들어오는 효과는 나지 않습니다. 그리고 '17'초마다 사탕이 나오고 닿으면 점수가 올라가는지 확인하세요.

사탕 복제 움직이기

장면2 사탕

복제본이 처음 생성되었을때
- 계속 반복하기
  - 방향을 55° 만큼 회전하기
  - 0.01 초 기다리기

'0.01'초마다 '55'도씩 회전시켜 빠르게 돌아가게 합니다.

장면이 시작되었을때
- 크기를 50 (으)로 정하기
- 모양 숨기기
- 계속 반복하기
  - 17 초 기다리기
  - 만일 자석효과 ▼ 값 = 0 이라면
    - 자신 ▼ 의 복제본 만들기

[자석효과]가 '1'인 경우는 이미 효과가 발동 중인 상태로 이 경우에 복제본을 만들지 않게 합니다.

복제본이 처음 생성되었을때
- x: 270 y: 100 부터 110 사이의 무작위 수 위치로 이동하기
- 모양 보이기
- 자신 ▼ 의 x 좌푯값 ▼ < -250 이 될 때까지 ▼ 반복하기
  - 0.1 초 동안 x: -45 y: 0 만큼 움직이기
  - 만일 무라 ▼ 에 닿았는가? 이라면
    - 점수 ▼ 에 300 만큼 더하기
    - 모양 숨기기
    - 소리 또이 ▼ 재생하기
    - 자석효과 ▼ 를 1 로 정하기
    - 10 초 기다리기
    - 자석효과 ▼ 를 0 로 정하기
- 이 복제본 삭제하기

'0.1'초마다 왼쪽으로 '45'씩 가장 빠른 속도로 움직입니다.

[자석효과]를 '1'로 정한 후 '10'초 후 다시 '0'으로 정하게 합니다. 이렇게 변수를 이용한 방법은 특정 시간 동안 효과를 줄 수 있는 유용한 방법입니다.

미션 ★★
Blank mission

장면2 동전

동전 자석 효과 내기

이제 '동전' 오브젝트를 다시 선택합니다. 사탕을 먹었을 때 자석
효과를 내기 위해서 동전의 움직임을 자석 효과가 발동하면 무
라의 y위치에 따라서 동전의 y값을 변경합니다. 이번 미션은 빈칸
미션으로 지문을 보고 알맞은 블록을 조립하세요.

> 0.1 초 동안 x: -20 y: 0 만큼 움직이기 ⤢

기존의 이 하나의 블록을 다음의 블록으로 변경해야 합니다.

[자석효과]가 '1'이면 자석 효과를 발동한다.
[현재캐릭Y] 값은 무라의 y좌푯값이다.
[자석효과]가 '0'이면 기존대로 움직여야 한다.

동전이 무라보다 밑에 있다면
위로 올라가고 아래에 있다면
위로 올라가는 원리입니다.

> 만일 ▇▇▇▇▇▇▇▇▇▇ 이라면 ⌃
> 만일 현재캐릭Y ▼ 값 > ▇▇▇▇▇▇ 이라면 ⌃
>   0.03 초 동안 x: -20 y: 5 만큼 움직이기 ⤢
> 아니면
>   0.03 초 동안 x: -20 y: -5 만큼 움직이기 ⤢
> 아니면
> ▇▇▇▇▇▇▇▇▇▇ 만큼 움직이기 ⤢

동전이 위에 있으려면 무라의
y좌표보다 커야하고 아래 있
으려면 작아야 합니다.

미션 확인 ▼

동전 자석 효과 내기

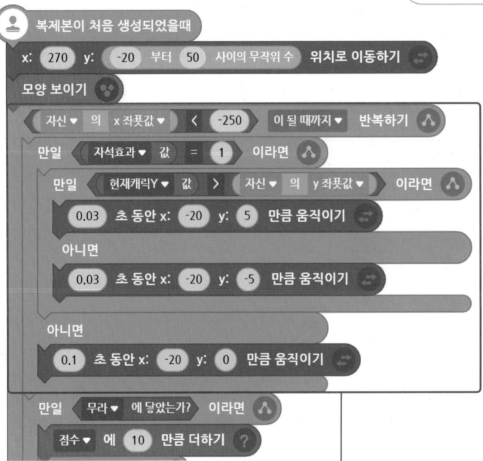

복제본이 처음 생성되었을때

x: 270 y: -20 부터 50 사이의 무작위 수 위치로 이동하기

모양 보이기

자신 ▼ 의 x 좌푯값 ▼ < -250 이 될 때까지 ▼ 반복하기

만일 자석효과 ▼ 값 = 1 이라면

만일 현재캐릭Y ▼ 값 > 자신 ▼ 의 y 좌푯값 ▼ 이라면

0.03 초 동안 x: -20 y: 5 만큼 움직이기

아니면

0.03 초 동안 x: -20 y: -5 만큼 움직이기

아니면

0.1 초 동안 x: -20 y: 0 만큼 움직이기

만일 무라 ▼ 에 닿았는가? 이라면

점수 ▼ 에 10 만큼 더하기 ?

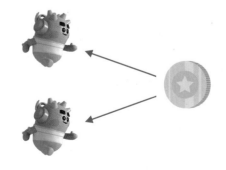

기존에 '0.1'초 동안 왼쪽으로 '20'씩 움직이는 하나의 블록을 다음과 같이 변경합니다. [자석효과]가 '1'이 아닐 경우 기존대로 움직이고, '1'일 경우에만 효과가 발생합니다. '0.03'초 동안 움직여 빠르게 빨려 들어가는 것처럼 효과를 냅니다. 무라의 y좌표와 동전의 y좌표를 비교하여 y좌표를 위 또는 아래로 '5'만큼씩 변경하면서 움직이게 하는 원리입니다.

미션 ★★
Smart mission

제크 캐릭터

게임 안의 아이템들의 모든 구현은 끝났습니다. 이제 다른 캐릭터들을 활성화 해보도록 하겠습니다. '제크' 오브젝트를 선택합니다. '무라'의 블록들을 복사해서 신호 이름을 변경해야 합니다. 그리고 제크의 2단 점프를 미션 지문에 따라 변경해보세요.

장면2 제크

[무라선택] 신호를 받았을 때 1단 점프와 슬라이드 하는 블록을 복사해온다.
[제크선택] 신호와 [제크2단점프] 신호로 변경한다.
[무라2단점프] 신호를 받았을 때 블록을 복사해온다.
[제크2단점프] 신호로 변경한다.

제크 2단 점프에서 점프를 하기 위한
반복문 전에 방향을 '25'만큼 회전한다.
반복문 안의 방향을 '7'만큼 회전하는 블록을 삭제한다.

캐릭터 선택 장면부터 시작하여 제크 선택 시 제크가 보여지고,
2단 점프를 조건에 맞게 하는지 확인하세요.

제크는 2단 점프 시 공중 회전하지 않고, 그림처럼 '25'도로
기운 상태로 점프했다가 내려오도록 합니다.

미션 확인

제크 캐릭터

장면2 제크

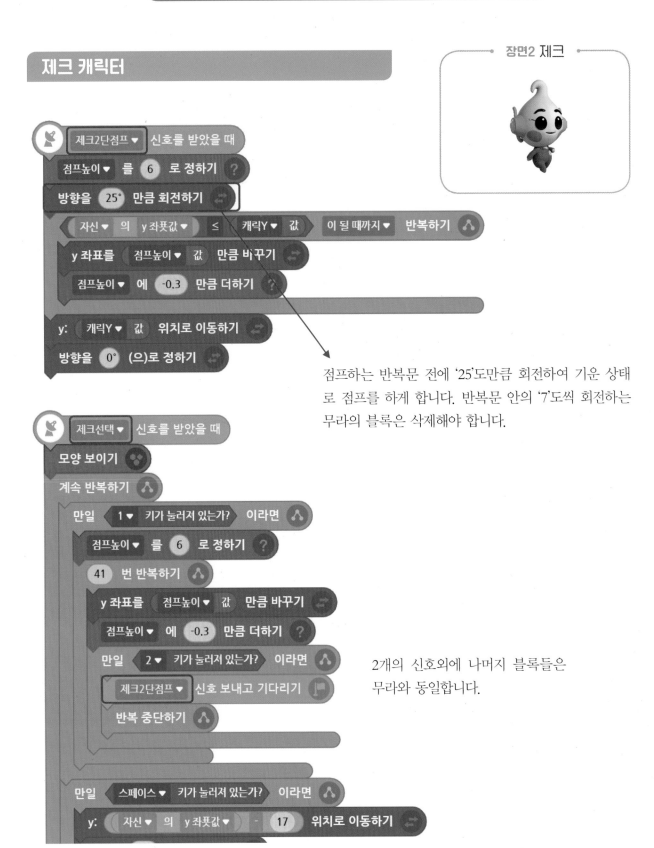

점프하는 반복문 전에 '25'도만큼 회전하여 기운 상태로 점프를 하게 합니다. 반복문 안의 '7'도씩 회전하는 무라의 블록은 삭제해야 합니다.

2개의 신호외에 나머지 블록들은 무라와 동일합니다.

따라하기 ▼

아이템 캐릭터 닿는 조건 변경

제크를 선택하여 게임 플레이를 할 수 있게 되었습니다. 그런데, 제크는 아이템들을 먹을 수 없는 상태입니다. 폭탄도 맞지 않습니다. 각각의 아이템 오브젝트에서 '무라에 닿았는가?' 블록을 찾아 다른 캐릭터들도 추가해야 합니다.

무라 ▼ 에 닿았는가?

다섯 개의 아이템 오브젝트의 블록 중에 '무라에 닿았는가' 조건을 찾아 '무라', '제크', '뭉크', '호이' 중 하나만 닿아도 참이 될 수 있도록 블록을 수정한다.

※ 해당 조건은 각 아이템 오브젝트마다 하나씩 있습니다.

조건 중 하나만 만족해도 참이되도록 하려면 '또는' 연산 블록을 사용해야 합니다.

무라 ▼ 에 닿았는가? 또는 ▼ 제크 ▼ 에 닿았는가? 또는 ▼ 뭉크 ▼ 에 닿았는가? 또는 ▼ 호이 ▼ 에 닿았는가?

> **TIP**
>
> 조건이 여러 개일 경우 뒤에서부터 조건 블록을 채워 조립하는 것이 좋습니다. 또는 블록 3개를 왼쪽에서 오른쪽으로 연결한 후 '호이에 닿았는가?'를 처음 오른쪽부터 채워 넣는 방법으로 가로로 긴 블록을 스크롤 없이 조립할 수 있기 때문입니다.

따라하기

호이 캐릭터

이제 '호이' 오브젝트를 선택합니다. '무라'의 블록들을 복사해서 신호 이름을 변경합니다. 그리고 호이의 2단 점프는 약간 높게 그리고 무라와 반대 방향으로 공중 회전을 하도록 변경합니다. 슬라이드 효과도 뒤로 기울지 않고 앞으로 엎어진 듯한 효과를 줄 겁니다. 주어진 지문과 블록을 따라서 변경해보세요.

장면2 호이

[무라선택] 신호를 받았을 때 1단 점프와 슬라이드 하는 블록을 복사해온다.

[호이선택] 신호와 [호이2단점프] 신호로 변경한다.

[무라2단점프] 신호를 받았을 때 블록을 복사해온다.

[호이2단점프] 신호로 변경한다.

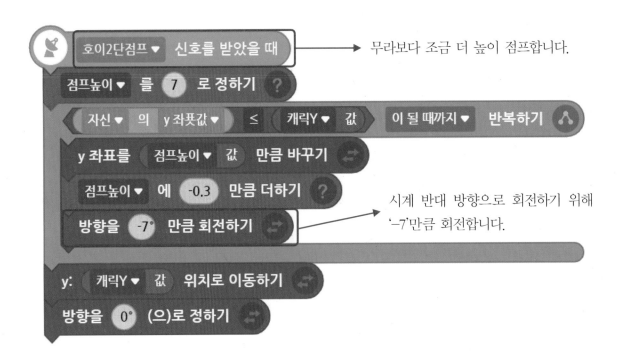

무라보다 조금 더 높이 점프합니다.

시계 반대 방향으로 회전하기 위해 '-7'만큼 회전합니다.

따라하기

호이 캐릭터

장면2 호이

호이선택 ▼ 신호를 받았을 때

크기를 80 (으)로 정하기

모양 보이기

계속 반복하기

  만일 1 ▼ 키가 눌러져 있는가? 이라면

    점프높이 ▼ 를 6 로 정하기

    41 번 반복하기

      y 좌표를 점프높이 ▼ 값 만큼 바꾸기

      점프높이 ▼ 에 -0.3 만큼 더하기

      만일 2 ▼ 키가 눌러져 있는가? 이라면

        호이2단점프 ▼ 신호 보내고 기다리기

      반복 중단하기

  만일 스페이스 ▼ 키가 눌러져 있는가? 이라면

    y: 자신 ▼ 의 y 좌푯값 ▼ - 20 위치로 이동하기

앞으로 기울어져 슬라이드를
하게 합니다.

    방향을 35° 만큼 회전하기

    0.7 초 기다리기

    y: 자신 ▼ 의 y 좌푯값 ▼ + 20 위치로 이동하기

    방향을 -35° 만큼 회전하기

따라하기

뭉크 캐릭터

이제 마지막 캐릭터인 '뭉크' 오브젝트를 선택합니다. 뭉크는 '제크'
의 블록들을 복사해서 신호 이름을 변경합니다. 2단 점프는 약간
높게 주고, 1단 점프는 제크와 동일합니다. 지문과 블록을 따라서
변경해보세요.

장면2 뭉크

[제크선택] 신호를 받았을 때 1단 점프와 슬라이드 하는 블록을 복사해온다.
[뭉크선택] 신호와 [뭉크2단점프] 신호로 변경한다.
[제크2단점프] 신호를 받았을 때 블록을 복사해온다.
[뭉크2단점프] 신호로 변경한다.

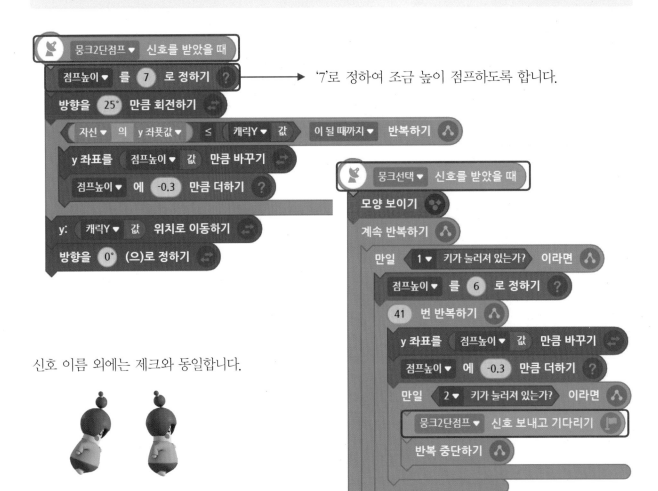

'7'로 정하여 조금 높이 점프하도록 합니다.

신호 이름 외에는 제크와 동일합니다.

미션 ★★
Smart mission

뭉크 3단 점프

머리가 위로 높이 솟은 뭉크는 아이템을 잘 먹을 수 있어 좋지만 폭탄에 너무 쉽게 닿는답니다. 그래서 뭉크에게만 특별히 3단 점프 기능을 주기로 했습니다. 2단 점프를 하고 있는 상태에서 숫자 3 키를 누르면 3단 점프를 할 수 있도록 지문을 보고 미션을 수행해보세요.

장면4 뭉크

2단 점프를 하고 있는 반복문 안에서 [3] 키를 누르면 [뭉크3단점프] 신호를 보내고 기다린 후 반복을 중단하는 조건문을 추가한다.

🎮 [뭉크3단점프] 신호를 받았을 때

점프 높이는 '6'으로 정하고 방향을 '25'도 회전한 상태에서 2단 점프와 동일한 형태로 [자신의 y좌푯값]이 [캐릭Y] 보다 작거나 같을 때까지 반복한 후 'y: [캐릭Y]' 위치로 이동하고 방향을 '0'으로 정한다.

3단

2단

1단

TIP

[판단] 메뉴의 '~키가 눌러져 있는가?' 블록을 사용할 때 숫자키나 영문자키를 찾으려면 아래로 스크롤을 내려 선택해야 합니다. 이럴 땐 키 목록이 나온 상태에서 선택하고자 하는 키를 누르면 바로 선택됩니다.

3 ▾ 키가 눌러져 있는가?

q ▾ 키가 눌러져 있는가?

위쪽 화살표
아래쪽 화살표
오른쪽 화살표
왼쪽 화살표
스페이스

미션 확인

뭉크 3단 점프

장면2 뭉크

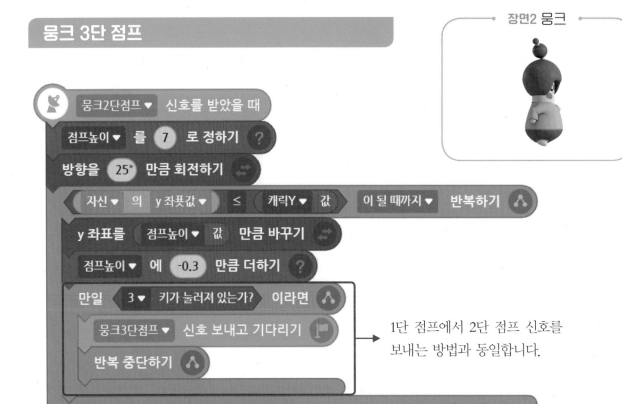

뭉크2단점프 ▼ 신호를 받았을 때
점프높이 ▼ 를 7 로 정하기 ?
방향을 25° 만큼 회전하기
자신 ▼ 의 y 좌푯값 ▼ ≤ 캐릭Y ▼ 값 이 될 때까지 ▼ 반복하기
  y 좌표를 점프높이 ▼ 값 만큼 바꾸기
  점프높이 ▼ 에 -0.3 만큼 더하기 ?
  만일 3 ▼ 키가 눌러져 있는가? 이라면
    뭉크3단점프 ▼ 신호 보내고 기다리기
    반복 중단하기
y: 캐릭Y ▼ 값 위치로 이동하기
방향을 0° (으)로 정하기

1단 점프에서 2단 점프 신호를
보내는 방법과 동일합니다.

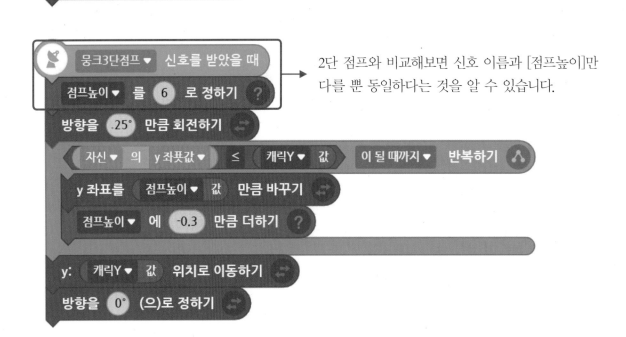

뭉크3단점프 ▼ 신호를 받았을 때
점프높이 ▼ 를 6 로 정하기 ?
방향을 25° 만큼 회전하기
자신 ▼ 의 y 좌푯값 ▼ ≤ 캐릭Y ▼ 값 이 될 때까지 ▼ 반복하기
  y 좌표를 점프높이 ▼ 값 만큼 바꾸기
  점프높이 ▼ 에 -0.3 만큼 더하기 ?
y: 캐릭Y ▼ 값 위치로 이동하기
방향을 0° (으)로 정하기

2단 점프와 비교해보면 신호 이름과 [점프높이]만
다를 뿐 동일하다는 것을 알 수 있습니다.

미션 ★★ Smart mission

돌파 텍스트 효과 주기

모든 캐릭터들에게 각각의 점프 능력을 만들어 주었습니다. 이제 '돌파' 오브젝트를 선택합니다. 남은 시간에 따라 화면 가운데 시간을 알려주는 효과를 줍니다. 미션 지문과 힌트를 참조하여 블록을 조립해보세요.

장면2 돌파

가

🎮 장면이 시작되었을 때

모양을 숨기고 'x: 0, y: 60' 위치로 이동한다.

계속 반복 안에서 아래 조건들을 조립한다.

[장면카운트] 값이 '2900 ~ 3000' 사이라면

모양을 보이고 "3000 진입!!"이라고 글쓰기 후 '0.5'초 후 텍스트를 모두 지우고 '0.5'초 기다린다.

같은 형태로 [장면카운트] 값이 '1900~2000' 사이면 "2000 진입!!"

'1300~1500'이면 "1500 진입!! 폭탄주의!!"라고 글쓴다.

이때는 [위험경고]를 재생한다.

힌트

[장면카운트] 값이 '2900 ~ 3000' 사이라는 조건식은 '2900'보다 크고 '3000'보다 작은 것임으로 다음과 같은 식으로 블록을 조립합니다.

TIP

확인이 어려울 경우 오브젝트 목록 가장 하단의 'SETTING' 오브젝트의 [장면카운트] 값을 변경하여 체크해주세요.

미션 확인

돌파 텍스트 효과 주기

장면이 시작되었을때

모양 숨기기

x: 0 y: 60 위치로 이동하기

계속 반복하기

　만일 　장면카운트▼ 값 < 3000 그리고▼ 장면카운트▼ 값 > 2900 이라면

　　모양 보이기

　　3000 진입!!! 라고 글쓰기 가

　　0.5 초 기다리기

　　텍스트 모두 지우기 가

　　0.5 초 기다리기

해당 조건이 만족하는 동안 텍스트가 '0.5'초 단위로 깜박깜박거리는 효과를 줍니다.

　만일 　장면카운트▼ 값 < 2000 그리고▼ 장면카운트▼ 값 > 1900 이라면

　　모양 보이기

　　2000 진입!!! 라고 글쓰기 가

　　0.5 초 기다리기

　　텍스트 모두 지우기 가

　　0.5 초 기다리기

　만일 　장면카운트▼ 값 < 1500 그리고▼ 장면카운트▼ 값 > 1300 이라면

　　모양 보이기

　　소리 위험 경고▼ 재생하기

　　1500 진입 !! 폭탄 주의!!! 라고 글쓰기 가

　　0.5 초 기다리기

　　텍스트 모두 지우기 가

　　0.5 초 기다리기

따라하기

카운트다운 장면5로 넘어가기

이제 본 게임 장면에서의 기능은 모두 완성하였습니다. 남은시간이 '0'이 되면 [장면5]로 넘어갈 수 있도록 '카운트다운' 오브젝트를 선택하여 다음과 같이 따라서 블록을 조립해봅니다.

장면이 시작되었을때

계속 반복하기 ∧

남은시간 : 과(와) 장면카운트 ▼ 값 를 합치기 라고 글쓰기 가

장면카운트 ▼ 에 -1 만큼 더하기 ?

0.01 초 기다리기 ∧

만일 장면카운트 ▼ 값 ≤ 0 이라면 ∧

1 초 기다리기 ∧

플레이셋 ▼ 를 1 로 정하기 ?

장면5-랭킹 ▼ 시작하기 🏳

기존 블록에 이 조건식을 추가합니다. '[장면카운트] 값이 0보다 작거나 같으면'으로 조건을 주어 값이 '-(마이너스)'가 되어도 조건을 실행하게 됩니다. [플레이셋]을 '1'로 주어 게임을 한 경우와 안 한 경우를 구분하게 합니다. 게임을 한 경우 점수와 랭킹에 등록하고 게임을 안 한 경우 '0'으로 설정되어 [장면5]에서 랭킹 기록만 보여줍니다.

TIP

'SETTING' 오브젝트의 [장면카운트] 값을 줄여서 확인해보세요.

따라하기

점수, 생명력 표시하기

[장면5-랭킹]로 넘어가서 '점수' 오브젝트를 선택합니다. 게임을 마친 후 점수와 생명력을 표시하도록 하겠습니다. 아래 블록을 따라 조립해주세요.

장면5 점수

가

장면5 생명력

가

[플레이셋] 값이 1일 때만 점수를 보여줍니다.

```
장면이 시작되었을때
만일  플레이셋▼ 값 = 1  이라면
    모양 보이기
    1 초 기다리기
    점수 : 과(와) 점수▼ 값 를 합치기 라고 글쓰기 가
```

'~와 ~를 합치기' 블록은 계산에 있습니다.

아래의 블록은 '생명력' 오브젝트에서 조립해야 합니다.
'점수'의 블록을 복사해서 사용하면 되겠죠?

```
장면이 시작되었을때
만일  플레이셋▼ 값 = 1  이라면
    모양 보이기
    1 초 기다리기
    남은생명력 : 과(와) 생명력▼ 값 를 합치기 라고 글쓰기 가
```

미션 ★ Blank mission

장면5 최종점수

최종점수 표시하기

이제 '최종점수' 오브젝트를 선택합니다. 점수와 생명력을 조합하여 최종점수를 표시합니다. 생명력 1개당 '300'점씩 추가로 주어 최종점수를 구한 후 점수에서 최종점수까지 '10'씩 빠르게 올라가는 효과를 줍니다. 이번 미션은 빈칸 미션으로 지문을 보고 알맞은 블록을 채워주세요.

가

[플레이셋]이 '1'일 때만 최종점수를 보여준다.
최종점수는 '점수 + (생명력 × 300)'이다.
[점수] 값이 [최종점수]보다 클때까지 10씩 증가시키면서
"최종점수"와 [점수]를 합쳐서 글쓰기를 반복한다.

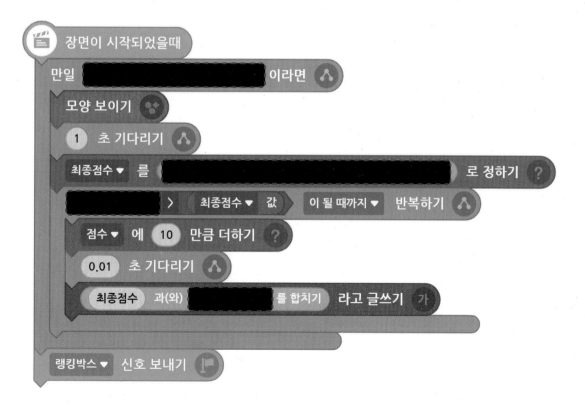

[장면5]에서 최종점수가 점수와 생명력의 조합으로 표시되고 숫자가 올라가는 효과가 나는지 확인하세요. 최종점수가 올바르게 계산되는지 체크해야 합니다.

미션 확인 ▼

최종점수 표시하기

가

장면이 시작되었을때

만일 〈 플레이셋 ▼ 값 = 1 〉 이라면

　모양 보이기

　1 초 기다리기

　최종점수 ▼ 를 (점수 ▼ 값 + (생명력 ▼ 값 x 300)) 로 정하기 ?

　〈 점수 ▼ 값 > 최종점수 ▼ 값 〉 이 될 때까지 ▼ 반복하기

　　점수 ▼ 에 10 만큼 더하기 ?

　　0.01 초 기다리기

　　(최종점수 과(와) 점수 ▼ 값 를 합치기) 라고 글쓰기 가

랭킹박스 ▼ 신호 보내기

점수가 최종점수와 같아지면 마지막으로
글을 쓰고 커지면 반복이 끝나게 됩니다.

최종점수510
남은생명력 : 1
점수 : 210

생명력이 많이 남으면
점수를 많이 얻을 수 있겠군.
그런데 난 언제 랭킹에
올라 갈 수 있을까?

따라하기 ▼

랭킹 박스 만들기

장면2 무라

마지막으로 '무라' 오브젝트로 돌아가 랭킹 박스를 만들어 보겠습니다. 랭킹 박스는 [이름리스트]와 [점수리스트]로 구성되어 있습니다.

리스트 추가하기

• 리스트 이름

리스트의 이름을 입력해주세요.

⊙ 모든 오브젝트에 사용

☑ 공유 리스트로 사용
(서버에 저장됩니다)

○ 이 오브젝트에서 사용

취소   확인

리스트를 생성할 때 다음과 같이 이름을 적고 모든 오브젝트에 사용을 선택한 후 아래의 '공유 리스트로 사용' 체크박스를 체크해주면 게임을 종료하고 브라우저를 닫아도 이 리스트에 저장된 값은 설명대로 서버에 저장됩니다. 그래서 친구들과 랭킹 기능을 공유할 수 있게 되는데 네트워크 상황이나 컴퓨터 환경에 따라 공유 리스트에 간혹 저장이 안 되는 경우가 생길 수도 있습니다.

이름리스트		점수리스트	
1	나무라	1	300
2	nobody	2	0

나의 최종점수와 [점수리스트]의 값을 비교하여 해당되는 위치에 나의 이름과 점수를 저장해야 합니다. 조건식과 연산을 최소화하기 위해 최소 점수 리스트에 0 값이 있는 리스트 1개를 만들어 둡니다.

따라하기 ▼

랭킹 박스 만들기

• 장면2 무라 •

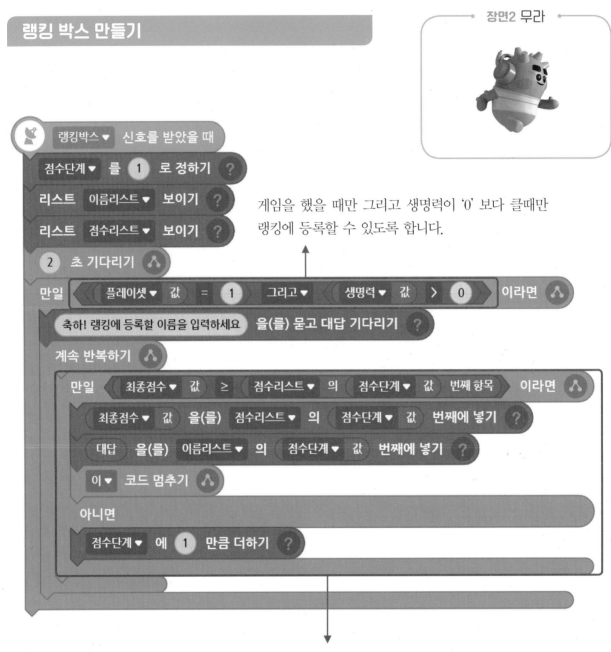

게임을 했을 때만 그리고 생명력이 '0' 보다 클때만
랭킹에 등록할 수 있도록 합니다.

[점수단계]는 '1'부터 시작하고 '1'씩 증가합니다. 그 점수 리스트의 첫 번째 값이 1등입니다. 1등부터 나의 최종점수와 비교하여 나의 점수가 같거나 크다면 그 위치에 내 이름과 점수를 저장하고 멈춥니다. 만약 나의 점수가 더 작다면 [점수단계]를 '1'씩 증가시켜 다음 번째 점수 리스트와 내 점수를 비교합니다. 초기 점수 리스트가 0으로 저장되어 있기 때문에 나의 점수는 항상 마지막 점수 리스트보다 큽니다. 초기 리스트 값이 없으면 에러가 날 수 있으니 주의하세요.

챌린지 미션 Challenge mission

좀 더 게임을 멋지게 만들고 싶다면 다음 챌린지 미션에 도전해보세요.

첫 장면에서 난이도를 선택할 수 있는 기능을 추가해보자.
난이도 별로 폭탄의 개수와 빈도를 조절하고 남은 시간도 줄여보자.
나만의 아이템을 만들어 추가해보자.
캐릭터에 방패 역할 등의 특수한 기능을 추가해보자.

더 재미있는 기능을 추가해서 자신만의 작품을 만들어 공유해보세요.

TIP

'러닝프렌즈' 공개 랭킹전에 참여해보자.
엔트리 작품 공유하기에서 '러닝프렌즈'로 공개 랭킹전에 참여해 여러분의 실력을 보여주세요.

여러 사본들이 있을 수 있습니다. 이 경우 가장 조회수가 많은 작품을 선택하여 플레이하세요.

정리하기

이번 게임 작품은 어땠나요? 조금 어려웠나요?
어떤 부분이 재미있었고 어려웠는지 느낀 점을 적어보는 건 어떨까요?

- 오브젝트를 복제하여 원하는 방향으로 움직이게 할 수 있습니다.

- x, y좌표를 이해하고 오브젝트 간의 위치를 비교하여 연산할 수 있습니다.

- 논리 연산(또는, 그리고)과 비교 연산(크고, 작고, 같다)를 사용할 수 있습니다.

- 크기, 밝기, 색깔, 투명도 등의 효과를 사용할 수 있습니다.

- 공유 변수 및 리스트를 이해하고 사용할 수 있습니다.

★ MEMO ★

코딩 퀴즈

단 한 개의 컵만 움직여서 물이 든 컵과 빈 컵을 번갈아 놓을 수 있을까요?

본 문제는 문제 해결력을 위한 문제입니다.

답과 함께 왜 그렇게 생각하는지 설명을 적어주세요.

정답 : 213page

코딩 스토리

디스플레이 Display

디스플레이는 데이터를 시각적으로 표현하는 장치입니다. 우리가 주변에서 흔히 볼 수 있는 TV, 컴퓨터 모니터와 휴대전화의 표시 액정 그리고 계산기나 전광판도 디스플레이에 속합니다. 즉, 다양한 정보를 사람이 볼 수 있도록 화면으로 구현해주는 영상 표시 장치로 정보 통신 시대의 핵심 산업이랍니다.

종이처럼 얇고 유연한 기판을 통해 손상 없이 구부리거나 말 수 있는 디스플레이인 "플렉시블 디스플레이"도 있답니다.

05 CHAPTER 스카이프렌즈

방향키로 비행기를 조종하고 총알을 발사하여 적들을 물리치는 비행 전투 게임입니다.
다양한 적 비행 물체와 총알 아이템 및 특수 기능이 있으며 최종 보스를 만나 물리치면
엔딩 화면을 볼 수 있습니다.

◎ **난이도** : ★★★★☆

◎ **주요 학습 포인트** : #복제 #함수 #효과 #좌표 #연산 #지역변수 #신호

작품 설명 ▼

스카이프렌즈

비행전투 게임은 오래 전부터 있어온 모두가 즐겨 하는 게임입니다. 비행기에서 총알을 발사하여 여러 종류의 적 비행기를 물리치고 아이템을 획득해 총알을 업그레이드합니다. 특수 기능과 무적 효과를 내고 생명력을 가진 적 비행기와 마지막 최종 보스까지 물리쳐 멋진 엔딩 화면을 만나보세요.

★ 미션용 파일 : 05_스카이프렌즈_미션용.ent
★ 완성본 파일 : 05_스카이프렌즈_완성본.ent

첫 인트로 화면에서 '손가락' 오브젝트로 [START] 버튼을 눌러 게임을 시작합니다.

화살표키로 비행기를 조종하고 스페이스바를 눌러 총알을 발사하여 적 비행기를 물리칩니다. 죽었을 때 잠깐 동안 무적 효과를 줍니다

생명력이 있는 적 비행기가 출현하고 하단에 보스까지 남은 시간이 표시됩니다.

생명력이 아주 크고 작은 미사일을 발사하는 보스를 물리치면 게임이 종료되고 엔딩 화면을 볼 수 있습니다.

학습 포인트

주요 변수 기능

이번 게임 작품은 4개의 장면으로 구성되어 있습니다. [장면1]은 인트로 화면으로 간단한 블록들로 이루어져 있고, [장면3]은 생명력을 모두 잃었을 때 게임 오버 장면이고, [장면4]는 최종 보스를 물리쳐 미션을 클리어하면 볼 수 있는 엔딩 장면입니다. [장면3]과 [장면4]는 제공된 미션용 파일에 이미 구현되어 있습니다. 본 게임 장면인 [장면2]를 멋지게 만들면 됩니다.

이번 작품도 변수가 많으니 주요 변수의 기능을 미리 살펴보는 것이 좋습니다. 이번 작품에서의 변수명에는 모두 'V'를 붙였으니 기억해두세요. 'VL'은 지역변수로 해당 오브젝트에서만 사용하는 변수랍니다.

❶ **V점수 ▼ 값** : 점수를 저장하는 변수입니다.

❷ **V생명력 ▼ 값** : 비행기의 생명력으로 우측 상단 하트를 표시하는데 사용합니다.

❸ **V총알스피드 ▼ 값** : 총알이 나가는 속도를 저장하는 변수로 값이 적을수록 빠르게 나갑니다

❹ **V파워 ▼ 값** : 파워 값이 커질수록 한번에 발사되는 총알 수가 늘어납니다.

❺ **V홀드 ▼ 값** : 총알이 나가면 안되는 경우 등에 사용하는 변수입니다.

❻ **V무적 ▼ 값** : 비행기가 격추된 후 다시 등장할 때 무적 효과를 주기위한 변수입니다.

❼ **V비행거리 ▼ 값** : 보스가 나타날 때까지의 남은거리를 표시하기 위한 변수입니다.

❽ **V파이어 ▼ 값** : 특수 기능인 파이어의 남은 사용수를 저장하는 변수입니다.

❾ **VL적기3생명력 ▼ 값** : 생명력을 가진 적기3의 생명력값을 저장하는 변수입니다.

❿ **V보스생명력 ▼ 값** : 보스의 생명력을 저장하는 변수입니다.

따라하기

장면1 인트로 화면

장면1 비행기

이제 작품의 미션용 파일을 열어 작품을 만들어 볼까요? 우측 상단에는 장면 이름과 오브젝트가 표시되어있으니 항상 확인하고 해당 오브젝트를 선택 후 코딩해주세요. '비행기' 오브젝트를 선택한 후 인트로 화면에서 비행기가 지나가는 장면을 조립해봅니다.

※ 각 오브젝트 내에 이미 존재하는 블록들은 삭제하지 마세요.

[장면1]의 인트로 화면을 다음과 같이 따라서 블록을 작성해보겠습니다. 먼저, [장면1]의 '비행기' 오브젝트를 선택합니다. 비행기가 왼쪽에서 나타나서 오른쪽으로 지나가게 합니다.

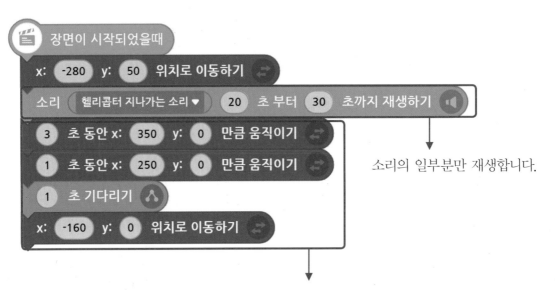

소리의 일부분만 재생합니다.

처음에 천천히 왼쪽에서 가운데로 이동한 후 오른쪽으로 빠르게 움직입니다. 이후 다시 왼쪽 위치로 이동합니다.

TIP

'~ 위치로 이동하기' 블록을 사용해서 x좌표를 가운데와 오른쪽 끝으로 설정하여 위와 같은 효과를 낼 수 있습니다.

미션 ★
Smart mission

제목

이제 '제목' 오브젝트를 선택합니다. '제목' 오브젝트가 비행기의 뒤를 따라서 왼쪽에서 오른쪽으로 움직이다가 가운데에서 멈추도록 하겠습니다.

장면1 제목

Sky Friends

🎮 장면이 시작되었을 때

크기는 '150'으로 정한다.
비행기 뒤를 따라서 왼쪽에서 오른쪽으로 이동해서 정중앙에서 멈춘다.

힌트

오브젝트의 가로가 길기 때문에 왼쪽 끝의 x좌표는 '-400' 정도로 합니다.

손가락

이제 '손가락' 오브젝트를 선택합니다. 마우스 포인터처럼 마우스를 따라 움직이도록 합니다.

장면1 손가락

🎮 장면이 시작되었을 때

크기는 '50'으로 정한다.
처음에 보이지 않았다가 '5'초 후에 보이게 한 다음
마우스를 따라 움직이도록 한다.

힌트

마우스를 따라다니려면 '마우스포인터' 위치로 이동하는 것을 반복하면 됩니다.

미션 확인

제목

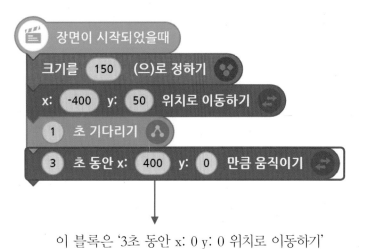

- 장면1 제목 -

Sky Friends

이 블록은 '3초 동안 x: 0 y: 0 위치로 이동하기'
블록을 사용해도 동일한 효과를 냅니다.

손가락

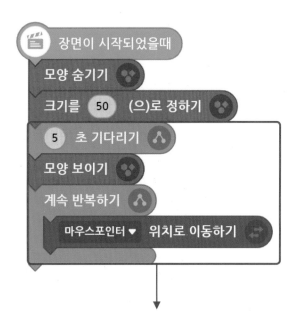

- 장면1 손가락 -

비행기와 제목이 지나가면 나타나서
마우스를 따라 다닙니다.

미션 ★ Text mission

시작 버튼 효과 주기

'시작' 오브젝트를 선택합니다. '손가락' 오브젝트가 '시작' 오브젝트에 올라가면 효과를 주고 클릭하면 게임 장면으로 넘어가도록 하겠습니다. 2개의 블록 묶음으로 나눠서 코딩하세요.

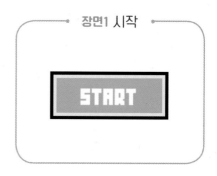

장면1 시작

🎮 장면이 시작되었을 때

크기는 '80'으로 정하고 'x: 0 y: −50' 위치로 이동한다.
처음에는 보이지 않았다가 '5초 후에 보이게 하고
[색깔] 효과를 '0.5'초 단위로 '10'씩 줬다 빼는 것을 반복한다.

🎮 마우스를 클릭했을 때

'손가락' 오브젝트가 닿았다면
모든 소리를 멈추고 [장면2]를 시작한다.

'손가락' 오브젝트를 '시작' 오브젝트에 올렸을 때 [색깔] 효과를 주고 싶다면?
첫 번째 블록 묶음 반복문 안에서 '손가락' 오브젝트가 닿았다면 색깔 효과를 '10'으로 정하고,
아니면 [색깔] 효과를 '0'으로 정하도록 변경하면 됩니다.

'5'초 후에 [시작] 버튼이 보이고 [색깔] 효과를 확인한 후 '손가락' 오브젝트를 올려 클릭하면
[장면2]로 넘어가는지 확인해보세요.

미션 확인

장면1 시작

시작 버튼 효과 주기

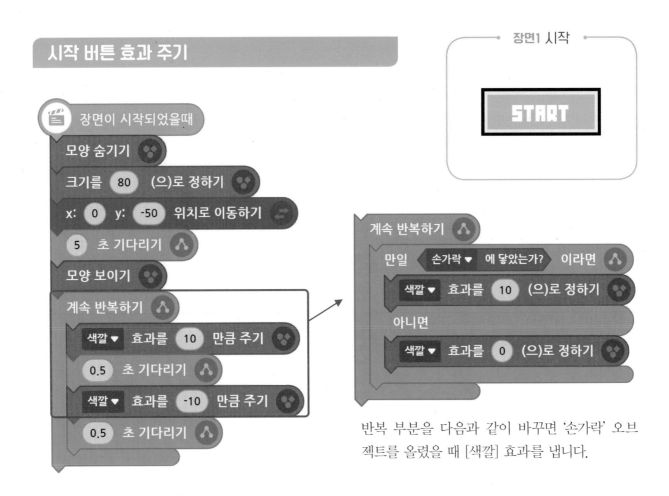

반복 부분을 다음과 같이 바꾸면 '손가락' 오브 젝트를 올렸을 때 [색깔] 효과를 냅니다.

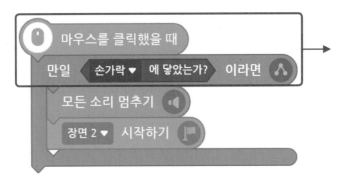

마우스를 클릭했을 때만 조건을 체크하면 되기 때 문에 '계속 반복하기' 블록이 들어가지 않습니다. '장면이 시작되었을 때' 블록으로 시작하고 싶다 면 '계속 반복하기' 블록 안에서 '마우스를 클릭 했는가' 그리고 '손가락에 닿았는가' 조건문을 사 용해도 동일한 효과를 낼 수 있습니다.

미션 ★★
Smart mission

구름 흘러가기

이제 [장면2]를 선택하여 본 게임 화면을 만들어 보겠습니다. 먼저 [장면2]의 '구름' 오브젝트를 선택합니다. 오른쪽에서 왼쪽으로 자연스럽게 구름들이 복제되어 흘러가는 효과를 내겠습니다. 이 전 게임 작품인 러닝프렌즈에서 '배경' 오브젝트들이 움직이는 방법과 비슷한 구조입니다. 복제하는 블록 묶음과 복제되었을 때 블록 묶음으로 구성되는 구조입니다. 이제 익숙해졌죠?

장면2 구름

🎮 장면이 시작되었을 때

'3'초마다 하나씩 복제한다.

🎮 복제본이 처음 생성되었을 때

오른쪽 끝으로 이동한다.
이때 y좌표는 '−100~100' 사이로 한다.
크기를 '50~120'으로 정하고
[투명도] 효과를 '0~50'으로 정한 후 보이게 한다.
왼쪽 끝으로 갈 때까지 x좌표를 '1'씩 바꾼다.
왼쪽 끝으로 간 후에는 복제본을 삭제한다.

'복제본 만들기'와
'복제본이 처음 생성되었을 때'는
단짝친구 복제를 했으면
삭제도 해주어야 한다구!

TIP

오른쪽 끝은 'x: 300', 왼쪽 끝은 'x: −300'으로 합니다. '0~50'으로 정하는 것은 [계산] 메뉴의 '~부터 ~사이의 무작위 수' 블록을 사용합니다. 그리고 실행하여 다양한 크기와 투명도를 가진 구름들이 오른쪽에서 왼쪽으로 흘러가는지 확인하세요. 크기, [투명도] 효과의 값과 흘러가는 속도 등 값들을 바꿔보는 시간도 가져보세요.

미션 확인

구름 흘러가기

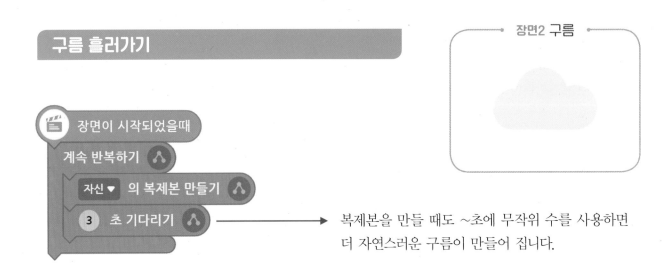

복제본을 만들 때도 ~초에 무작위 수를 사용하면
더 자연스러운 구름이 만들어 집니다.

다양한 형태의 복제본을 만들고 싶을 때
이렇게 무작위 수를 사용합니다.

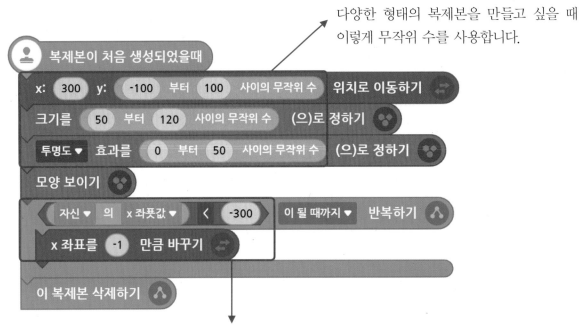

왼쪽으로 움직일 때는 x값이 점점 작아지니까 비교연산자
<를 사용한다는 것과 x좌표는 -(마이너스)값을 준다는
것 기억하세요.

미션 ★★
Smart mission

비행기 기본 조종 및 효과 주기

이제, 우리의 주인공인 '비행기' 오브젝트를 선택합니다. 제크가 멋진 비행기를 타고 있네요. 먼저, 상하좌우 화살표 키를 이용해 비행기를 조종하고 비행기가 위아래로 약간씩 흔들리는 효과를 줍니다.

장면2 비행기

🎮 장면이 시작되었을 때

화살표 키를 이용해서 x와 y좌표 모두 '2'만큼씩 움직인다.
위아래로 움직일 때 비행기의 방향을 각 방향으로 '5'도 변경하고 좌우로 움직일 때는 '0'으로 정한다.

힌트

방향키는 여러분이 좋아하는 A, S, D, W로 변경해도 좋습니다. 위아래로 움직일 때는 각 방향으로 '5'도씩 그림과 같이 보여져야 합니다. 키가 눌려졌는지 계속 체크해야 하니 반복문 안에서 해야겠죠?

🎮 장면이 시작되었을 때

다음 모양으로 '0.1'초 단위로 변경하면서 위아래로 '1'씩 움직여 털털거리는 효과를 준다.

힌트

반복문 안에서 y좌표를 '1'을 줬다가 다시 '-1'을 주는 형태로 블록을 조립합니다.

미션 확인

장면2 비행기

비행기 기본 조종 및 효과 주기

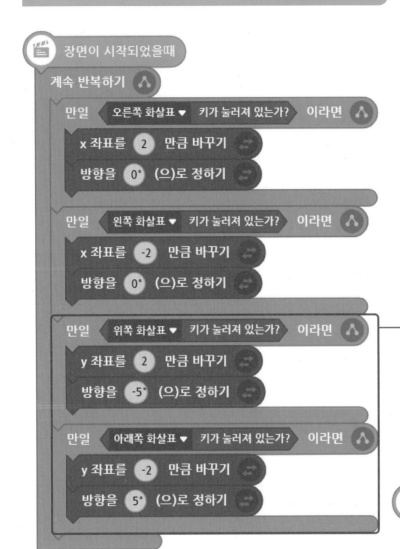

```
장면이 시작되었을때
계속 반복하기
    만일  오른쪽 화살표 ▼  키가 눌러져 있는가?  이라면
        x 좌표를  2  만큼 바꾸기
        방향을  0°  (으)로 정하기
    만일  왼쪽 화살표 ▼  키가 눌러져 있는가?  이라면
        x 좌표를  -2  만큼 바꾸기
        방향을  0°  (으)로 정하기
    만일  위쪽 화살표 ▼  키가 눌러져 있는가?  이라면
        y 좌표를  2  만큼 바꾸기
        방향을  -5°  (으)로 정하기
    만일  아래쪽 화살표 ▼  키가 눌러져 있는가?  이라면
        y 좌표를  -2  만큼 바꾸기
        방향을  5°  (으)로 정하기
```

비행기가 앞으로 가는 방향이 '0'이 되고 시계 방향으로 방향 각도가 증가합니다. 그래서 아래쪽으로 갈 때 '5'도, 위쪽으로 갈 때 '−5'도로 방향으로 정해야 합니다. '−5'도는 '355'도와 같습니다.

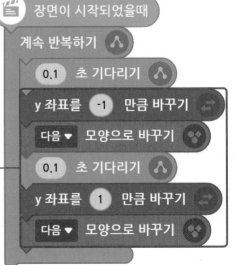

```
장면이 시작되었을때
계속 반복하기
    0.1  초 기다리기
    y 좌표를  -1  만큼 바꾸기
    다음 ▼  모양으로 바꾸기
    0.1  초 기다리기
    y 좌표를  1  만큼 바꾸기
    다음 ▼  모양으로 바꾸기
```

위아래로 약간씩 털털거리는 효과를 줍니다. 다음 모양으로 바꾸기를 반복하면서 프로펠러가 돌아가는 효과도 냅니다.

미션 ★★
Blank mission

비행기 움직임 제약

비행기가 잘 움직이나요? 그런데 화면 밖으로까지 나갈 수 있습니다. 정해진 영역에서만 움직일 수 있도록 하려면 어떻게 해야 할까요? 다음 조건에 따라 빈칸의 블록을 조립해보세요.

장면2 비행기

비행기가 움직일 수 있는 영역은 다음과 같다. 비행기가 이 영역을 벗어나지 못하도록 하자.

왼쪽 x: '-210'
오른쪽 x: '100'
위쪽 : '90'
아래쪽 : '-120'

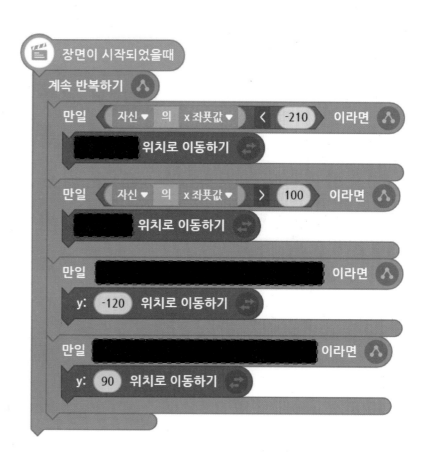

힌트

주어진 블록을 잘 보면 힌트가 나와 있습니다. x좌표가 '-210'보다 작으면 왼쪽 경계에 해당하고, x좌표가 '100'보다 크면 오른쪽 경계에 해당합니다.

미션 확인

비행기 움직임 제약

→ 장면2 비행기 ←

```
장면이 시작되었을때

계속 반복하기
    만일  자신 ▼ 의 x좌푯값 ▼  <  -210  이라면
        x: -210 위치로 이동하기

    만일  자신 ▼ 의 x좌푯값 ▼  >  100  이라면
        x: 100 위치로 이동하기

    만일  자신 ▼ 의 y좌푯값 ▼  <  -120  이라면
        y: -120 위치로 이동하기

    만일  자신 ▼ 의 y좌푯값 ▼  >  90  이라면
        y: 90 위치로 이동하기
```

왼쪽은 x좌표가 '-210'으로 더 왼쪽으로 가면 x좌표가 더 작아지니까 'x < -210'이면,
오른쪽은 x좌표가 '100'으로 더 오른쪽으로 가면 x좌표가 더 커지니까 'x >100'이면,
아래쪽은 y좌표가 '-120'으로 더 아래쪽으로 가면 y좌표가 더 작아지니까 'y < -120'이면,
위쪽은 y좌표가 '90'으로 위쪽으로 가면 y좌표가 더 커지니까 'x > 90'이면 조건을 줍니다.

이해되나요? 해당 조건이 만족하면 그 위치로 이동시키면 됩니다.
다른 게임을 만들 때도 오브젝트의 움직임 반경을 정해주는 유용한 방법이니
기억해두세요.

미션 ★★
Text mission

총알 복제와 발사

'총알' 오브젝트를 선택합니다. 스페이스바를 눌러 총알을 발사합니다. 총알이 발사되면 안 되는 경우가 있기 때문에 [v홀드] 변수를 이용해서 '0'일 때만 복제되도록 하고 복제되면 비행기에서 출발해서 오른쪽으로 나가도록 합니다. 복제와 움직임 블록 패턴은 동일합니다. 지문을 잘 따라서 코딩해보세요.

장면2 총알

🎮 장면이 시작되었을 때

[스페이스] 키를 눌렀을 때 자신의 복제본을 만들고 [v총알스피드] 값 초 기다린다.
단, [v홀드]가 '0'일 때만 복제되도록 한다.

🎮 복제본이 처음 생성되었을 때

비행기 앞부분에서 나가도록 한다.
[v파워] 값 모양으로 바꾼 후
모양을 보이고 [전자신호음2]를 재생한다.
오른쪽 끝까지 '10'씩 이동한다.
이동 중에 만일 '보스', '적기1', '적기2', '적기3', '지뢰' 중 하나에 닿았다면
'0.1'초 후에 복제본을 삭제한다.
반복이 끝난 후 복제본을 삭제한다.

힌트

반복문 안에서 '만약〜이라면' 조건이 2개가 들어가야 합니다. 비행기 앞에서 나가려면 비행기 위치로 이동 후 x좌표를 '30'만큼 바꿔야 합니다. 오른쪽 끝은 x좌표 '240'으로 합니다. 총알이 5개의 적들 중 하나라도 닿으면 복제본을 삭제해야 하는 부분은 '또는' 블록을 사용합니다.

TIP

총알이 빠르게 나가게 하고 싶어 [v총알스피드]를 변경하거나 다른 값을 넣는다면 해보게 하되 다시 지문대로 변경해주세요. '스피드아이템'의 효과가 나지 않기 때문입니다.

미션 확인

총알 복제와 발사

장면2 총알

블록에 사용된 2개의 조건문은
'그리고' 블록으로 연결하여
하나의 조건문으로 사용해도 됩니다.

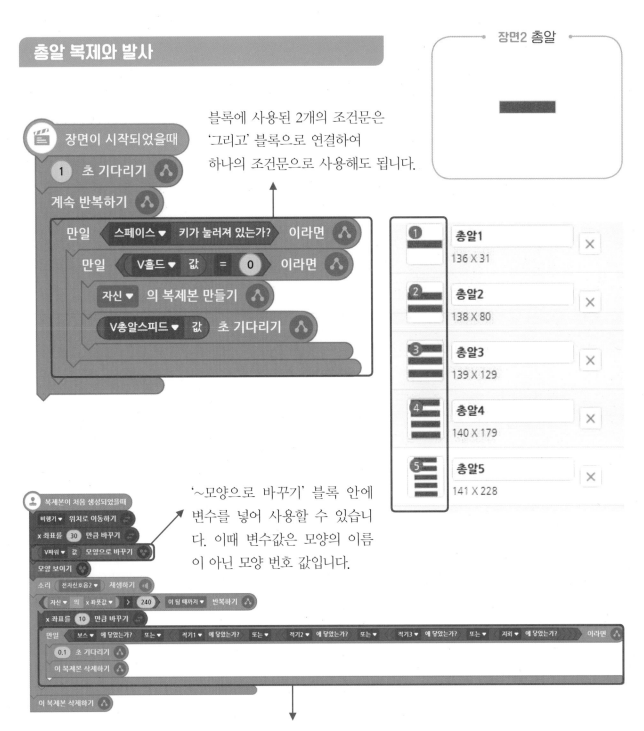

'~모양으로 바꾸기' 블록 안에
변수를 넣어 사용할 수 있습니
다. 이때 변수값은 모양의 이름
이 아닌 모양 번호 값입니다.

1	총알1	136 X 31
2	총알2	138 X 80
3	총알3	139 X 129
4	총알4	140 X 179
5	총알5	141 X 228

이런 형태의 많은 조건이 필요하고 동일한 조건이 추가될 가능성이 있는 경
우는 변수를 만들어 사용할 수 있습니다. 변수를 a라 하면 처음 a를 0으로
정하고 각 조건이 만족할 때만 1로 정한 후 마지막에 a가 1이라면 복제본을
삭제하는 형태로 코딩할 수 있습니다.

미션 ★★
Smart mission

동전 복제와 움직임

'동전' 오브젝트를 선택합니다. 이전 러닝프렌즈 게임에서 사용한 그 동전입니다. 비슷한 형태로 동전이 나오도록 합니다. 복습하는 차원에서 가볍게 미션을 수행할 수 있겠죠?

장면2 동전

🎮 장면이 시작되었을 때

'3'초 후부터 '5'초 단위로 '5~10'개씩 복제본을 만든다.
복제본 간의 간격은 '0.3'초로 한다.

🎮 장면이 시작되었을 때

오른쪽 끝으로 이동한 후 보이게 한다.
왼쪽 끝으로 갈 때까지 '0.1'초 동안 왼쪽으로 '20'씩 바꾸고 다음 모양으로 바꾼다.
움직이다가 비행기에 닿으면
[v점수]를 '10' 주고 [마르카사]를 재생하고 [동전_1] 모양으로 바꾼다.
[투명도] 효과와 크기를 10씩 '7'번 '0.01'초 간격으로 준 다음 복제본을 삭제한다.

비행기에 닿지 않고 왼쪽 끝으로 이동했다면 복제본을 삭제한다.

힌트

'3'초 후에 반복문이 시작되고 '5~10'은 무작위 수를 의미합니다. 오른쪽 끝은 x좌표 '300', 왼쪽 끝은 '-300'으로 합니다. 마지막 지문은 왼쪽 끝으로 갈 때까지 반복한 후에 반복이 끝나면 복제본을 삭제한다는 것을 의미합니다.

미션 확인

동전 복제와 움직임

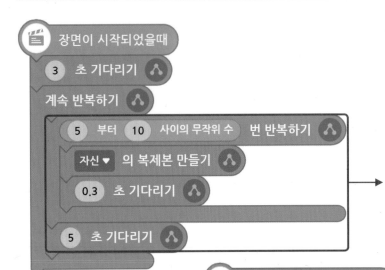

장면2 동전

계속 반복문 안에서 '5'초 기다리기가 먼저 와도 괜찮습니다. 마찬가지로 5~10번 반복문 안에서도 '0.3'초 기다리기가 복제본 만들기 앞에 와도 됩니다.

혹시, 러닝프렌즈의 동전 때보다 어렵게 느껴지진 않았나요? 미션 지문이 정확하게 블록을 설명하지 않았고 한 번에 비행기에 닿았을 때 효과까지 모두 주어졌기 때문입니다.

미션 ★★
Text mission

지뢰 복제와 움직임

'지뢰' 오브젝트를 선택합니다. 지뢰의 블록도 형태는 복제되어 오른쪽에서 나와 왼쪽으로 움직이는 식으로 동일하지만 조건의 차이가 있습니다. '지뢰'는 중심점이 바깥에 있어 중심점을 기준으로 원을 그리면서 이동하게 됩니다. 가장 점수가 낮은 적이지만 피하거나 맞추기가 어려운 적입니다.

장면2 지뢰

🎮 장면이 시작되었을 때

'7'초 후부터 '5'초 단위로 '3~5'개씩 복제본을 만든다. 복제본 간의 간격은 '2'초로 한다.

🎮 복제본이 처음 생성되었을 때

오른쪽 끝으로 이동한 후 보이게 한다.
왼쪽 끝으로 갈 때까지
'0.05'초 동안 x좌표를 왼쪽으로 '10'씩 바꾸고
방향을 '-10'도씩 회전한다.
움직이다가 [파이어]나 [비행기]나 [총알]에 닿으면

만약 '비행기'에 닿았고 [v무적]이 0이면
[v생명력]을 '1' 줄인다.
[v점수]를 '10' 주고 [폭탄폭팔]을 '1~2'초까지 재생하고
다음 모양으로 바꾼다.
[투명도] 효과를 '10'씩 '7'번 '0.01'초 간격으로 준 후
복제본을 삭제한다.

왼쪽 끝까지 이동한 후엔 복제본을 삭제한다.

> **힌트**
>
> 오른쪽 끝은 x좌표 '300', 왼쪽 끝은 '-300'으로 합니다. 밑줄 친 지문은 '만약~이라면' 조건 안에 해당 블록이 하나만 들어가는 조건문입니다.

미션 확인

지뢰 복제와 움직임

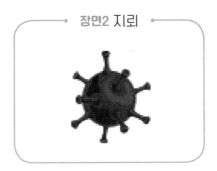

장면2 지뢰

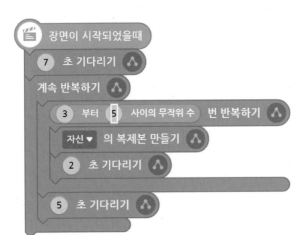

장면이 시작되었을때
7 초 기다리기
계속 반복하기
　3 부터 5 사이의 무작위 수 번 반복하기
　　자신▼ 의 복제본 만들기
　　2 초 기다리기
　5 초 기다리기

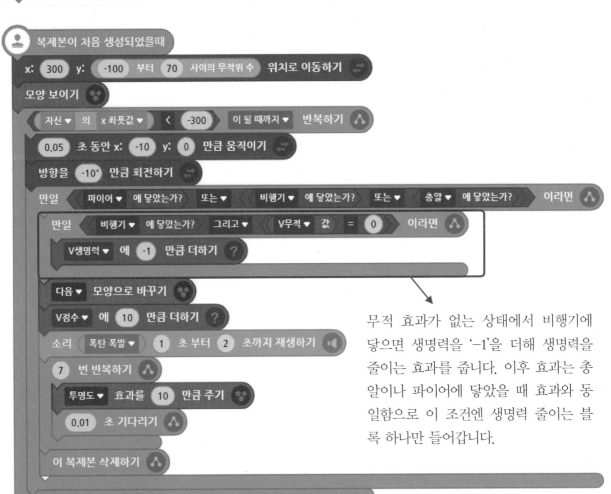

복제본이 처음 생성되었을때
x: 300 y: -100 부터 70 사이의 무작위 수 위치로 이동하기
모양 보이기
자신▼ 의 x좌푯값▼ < -300 이 될 때까지▼ 반복하기
　0.05 초 동안 x: -10 y: 0 만큼 움직이기
　방향을 -10° 만큼 회전하기
　만일 파이어▼ 에 닿았는가? 또는▼ 비행기▼ 에 닿았는가? 또는▼ 총알▼ 에 닿았는가? 이라면
　　만일 비행기▼ 에 닿았는가? 그리고▼ V무적▼ 값 = 0 이라면
　　　V생명력▼ 에 -1 만큼 더하기
　　다음▼ 모양으로 바꾸기
　　V점수▼ 에 10 만큼 더하기
　　소리 폭탄 폭발▼ 1 초 부터 2 초까지 재생하기
　　7 번 반복하기
　　　투명도▼ 효과를 10 만큼 주기
　　　0.01 초 기다리기
　　이 복제본 삭제하기
이 복제본 삭제하기

무적 효과가 없는 상태에서 비행기에 닿으면 생명력을 '-1'을 더해 생명력을 줄이는 효과를 줍니다. 이후 효과는 총알이나 파이어에 닿았을 때 효과와 동일함으로 이 조건엔 생명력 줄이는 블록 하나만 들어갑니다.

미션 ★★
Debugging mission

적기1 복제와 움직임 효과 주기

'적기1' 오브젝트를 선택합니다. 오른쪽에서 왼쪽으로 직선으로 움직이는 적기입니다. 지뢰와 비슷한 형태와 비슷한 조건을 가지고 있습니다. 오른쪽에서 나와 왼쪽으로 움직이다가 파이어나 비행기나 총알에 닿았을 때 효과를 주고 무적 상태가 아닐 때 비행기에 닿으면 생명력을 1씩 줄여야 합니다. 이번 미션은 디버깅 미션으로 잘못된 부분을 찾아 변경해주세요. 잘못된 부분은 5군데입니다.

장면2 적기1

미션 확인

적기1 복제와 움직임 효과 주기

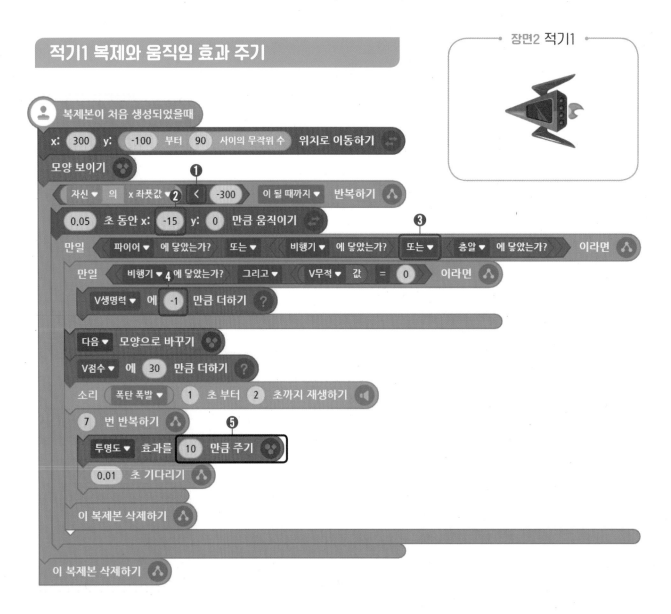

❶ 왼쪽 끝으로 이동하기 때문에 x좌표가 '−300'보다 작아야 합니다.

❷ 왼쪽으로 이동하기 때문에 x좌표를 '−15'만큼 움직입니다.

❸ 파이어, 비행기, 총알 중에 하나라도 닿으면 효과를 내야 함으로 '또는' 블록을 사용합니다.

❹ 생명력을 줄여야 하니까 '−1'만큼 더합니다.

❺ [투명도] 효과를 계속 추가로 줘야 하기 때문에 '~만큼 주기' 블록을 사용합니다.

따라하기

적기 효과 공통 함수 만들기

장면2 적기1

'적기1' 오브젝트를 다시 살펴 보겠습니다. '지뢰' 오브젝트와 비교해보면 파이어나 비행기나 총알에 맞았을 때 공통적으로 효과를 내는 부분이 있는 것을 확인할 수 있습니다. 앞으로 만들 '적기2'에서도 사용하게 될 이 블록들을 함수로 만들어 보겠습니다. 함수는 여러 오브젝트들에서 같이 사용하기 때문에 다른 오브젝트에서 만들어도 됩니다.

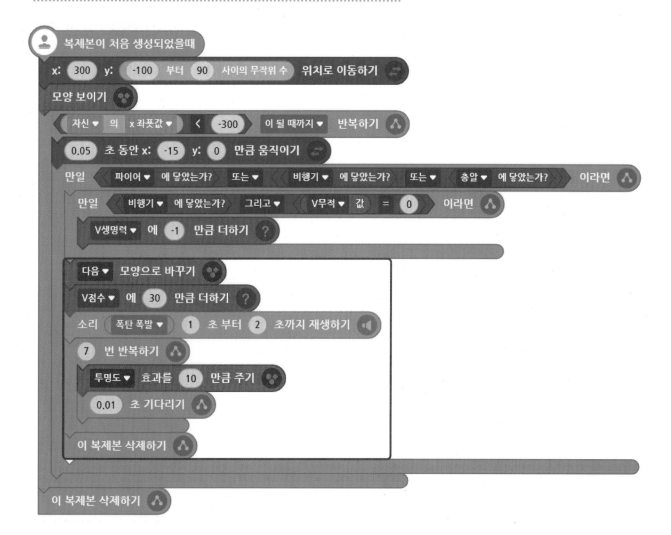

해당 표시된 블록들이 공통적인 부분인데 '적기'와 '지뢰' 오브젝트가 다른 부분이 하나 있습니다.
그건 [v점수]인데 이걸 입력값으로 받아서 처리합니다.

따라하기

적기 효과 공통 함수 만들기

함수 만들기

이름

문자/숫자값

판단값

[함수] 메뉴에서 [함수만들기] 버튼을 클릭합니다. 함수 이름은 '폭발'로 입력하고 좌측의 함수 블록 중 [문자/숫자값]을 가져와 함수 이름 옆에 붙입니다.

장면2 적기1

장면2 지뢰

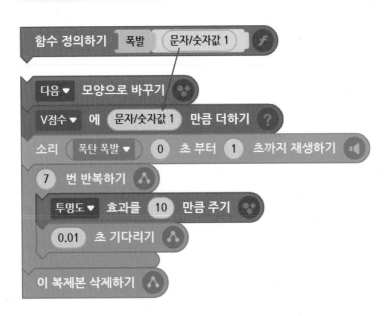

함수 정의하기 아래에 반복해서 사용할 블록들을 복사해서 붙여넣고, 입력값으로 사용할 [v점수] 값에 [문자/숫자값1]을 넣습니다.

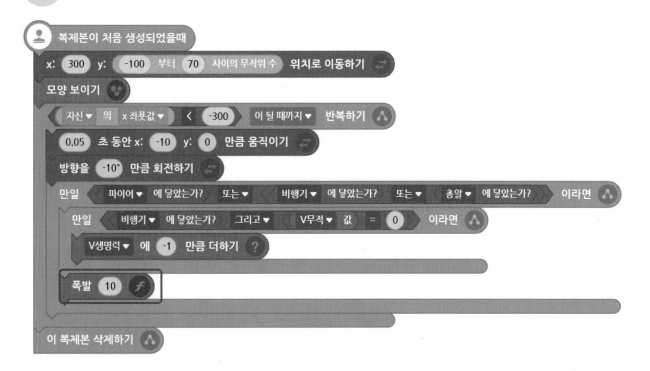

적기1

복제본이 처음 생성되었을때
x: 300 y: -100 부터 90 사이의 무작위 수 위치로 이동하기
모양 보이기
자신▼ 의 x좌푯값▼ < -300 이 될 때까지▼ 반복하기
0.05 초 동안 x: -15 y: 0 만큼 움직이기
만일 파이어▼ 에 닿았는가? 또는▼ 비행기▼ 에 닿았는가? 또는▼ 총알▼ 에 닿았는가? (이)라면
만일 비행기▼ 에 닿았는가? 그리고▼ V무적▼ 값 = 0 (이)라면
V생명력▼ 에 -1 만큼 더하기 ?
폭발 30 f
이 복제본 삭제하기

지뢰

복제본이 처음 생성되었을때
x: 300 y: -100 부터 70 사이의 무작위 수 위치로 이동하기
모양 보이기
자신▼ 의 x좌푯값▼ < -300 이 될 때까지▼ 반복하기
0.05 초 동안 x: -10 y: 0 만큼 움직이기
방향을 -10° 만큼 회전하기
만일 파이어▼ 에 닿았는가? 또는▼ 비행기▼ 에 닿았는가? 또는▼ 총알▼ 에 닿았는가? 이라면
만일 비행기▼ 에 닿았는가? 그리고▼ V무적▼ 값 = 0 이라면
V생명력▼ 에 -1 만큼 더하기 ?
폭발 10 f
이 복제본 삭제하기

만들어진 '폭발' 함수 블록을 '지뢰'와 '적기1' 해당 위치에 기존 블록들과 바꾸어 넣습니다.

미션 ★★
Text mission

하트 생명력 표시

이제 '하트' 오브젝트를 선택합니다. 이전 게임 러닝프렌즈에서 만들었던 생명력 하트가 생각나나요? 비슷한 형태로 [v생명력] 변수에 따라 '하트' 오브젝트를 복제해서 표시해줍니다. 러닝프렌즈와 유사하나 조금은 다른 형태로 구현되니 어떤 부분이 다른지 비교해보세요.

장면2 하트

🎮 장면이 시작되었을 때

'1'초 후 [VL생명번호]를 '0'으로 정한 후
[VL생명번호]가 [V생명력] 값이 될 때까지
[VL생명번호]를 '1'만큼 더하면서 복제본을 생성한다.

[VL생명번호]는 '하트' 오브젝트에서만 사용하는 로컬 변수로 각각의 하트 복제본에 번호를 부여합니다.

🎮 복제본이 처음 생성되었을 때

'x: 240 – (25 x [VL생명번호] 값 y: 122' 위치로 이동한 후 보이게 한다.
계속 반복 안에서 다음을 작성한다.
만일 [VL생명번호]가 [V생명력]보다 크다면
[하트_2] 모양으로 바꾸고 [투명도] 효과를 '50'으로 정하고
[비행기충돌] 신호를 보낸 후 이 코드를 멈춘다.

힌트

[하트_2] 모양은 하트가 빨간색에서 회색으로 없어진 듯한 모양으로 바뀝니다. 하트 복제본의 위치를 계산하는 식은 다음 블록 이미지를 참조하세요.

 »

하트_1   하트_2

`( 240 ) - ( 25 ) x ( VL생명번호 ▼ 값 )`

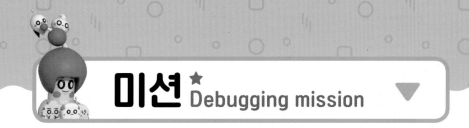

미션 ★ Debugging mission ▼

하트 생명력 표시

좌측의 텍스트 미션이 어렵다면 다음 빈칸 미션을 같이 비교하면서 코딩해보세요.

장면2 하트

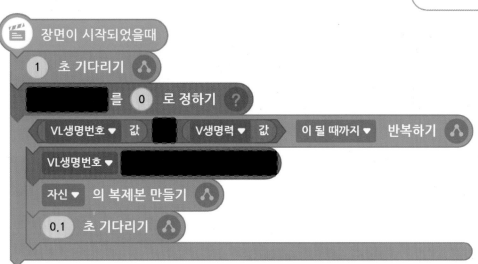

장면이 시작되었을때
1 초 기다리기 ⋀
▭ 를 0 로 정하기 ?
VL생명번호 ▾ 값 ▭ V생명력 ▾ 값 이 될 때까지 ▾ 반복하기 ⋀
VL생명번호 ▾ ▭
자신 ▾ 의 복제본 만들기 ⋀
0.1 초 기다리기 ⋀

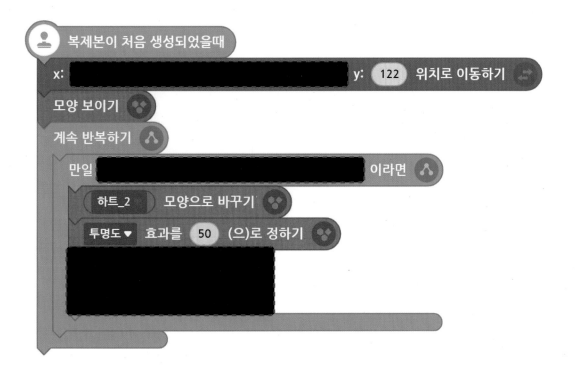

복제본이 처음 생성되었을때
x: ▭ y: 122 위치로 이동하기 ⇄
모양 보이기 ✦
계속 반복하기 ⋀
만일 ▭ 이라면 ⋀
하트_2 모양으로 바꾸기 ✦
투명도 ▾ 효과를 50 (으)로 정하기 ✦
▭

미션 확인

하트 생명력 표시

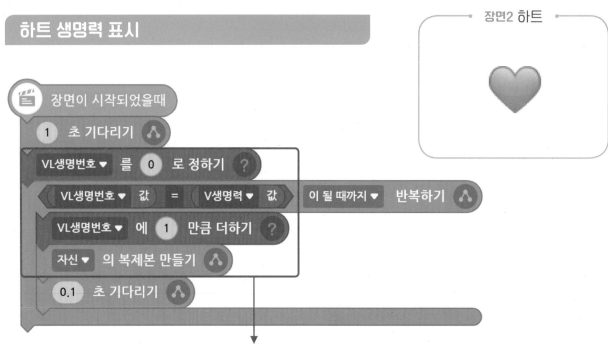

하트 복제본에 [생명번호]를 '1'에서부터 [생명력]까지 복제본을 만들게 합니다. 본 게임에서는 [생명력]이 증가하는 기능이 없기 때문에 장면이 시작할 때 한번만 복제본을 만들면 됩니다.

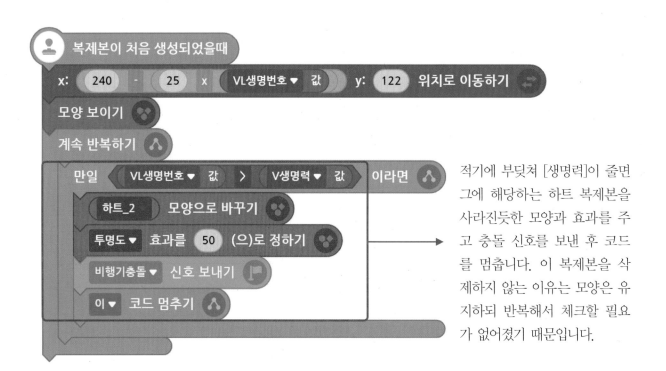

적기에 부딪쳐 [생명력]이 줄면 그에 해당하는 하트 복제본을 사라진듯한 모양과 효과를 주고 충돌 신호를 보낸 후 코드를 멈춥니다. 이 복제본을 삭제하지 않는 이유는 모양은 유지하되 반복해서 체크할 필요가 없어졌기 때문입니다.

미션 ★★
Text mission

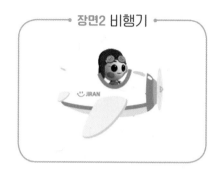

장면2 비행기

비행기 충돌과 등장

이제 다시 '비행기' 오브젝트를 선택합니다. 비행기가 적기와 충돌한 후의 처리와 다시 등장하는 효과를 내보도록 하겠습니다. 이전 '하트' 오브젝트에서 [비행기충돌] 신호를 보냈습니다. 신호를 보냈으면 받았을 때 블록이 있어야겠죠? [비행기충돌] 신호에서 비행기가 사라지는 효과를 낸 후 [비행기등장] 신호를 보냅니다.

🎮 [비행기충돌] 신호를 받았을 때

[V홀드]를 '1'로 정한 후
[투명도] 효과를 '10'만큼 x좌표를 '-5'만큼 바꾸고 '0.01'초 기다리는 것을 '7'번 반복한다.
모양을 숨긴 후 [비행기등장] 신호를 보낸다.

🎮 [비행기등장] 신호를 받았을 때

'1'초 후에 'x: -300 y: -20' 위치로 이동한다.
[V무적]을 '1'로, [V파워]를 '1'로, [V총알스피드]를 '0.3'으로 정한 후 모양을 보인다.
'1'초 동안 'x: 50 y: 0'만큼 움직인 후 [V홀드]를 '0'으로 정한다.
[투명도] 효과를 '50'만큼 '0.1'초 단위로 줬다 빼는 것을 '15'번 반복한다.
반복이 끝난 후 [V무적]을 '0'으로 정한다.

힌트

'7'번 반복 블록 안에 '3'개의 블록이 들어갑니다. 그리고 '15'번 반복 안에 [투명도] 효과를 '50'만큼 주고 '0.1'초 기다린 후 다시 원래대로 돌린 후에도 '0.1'초 기다려야 반짝이는 효과를 줄 수 있습니다.

미션 확인

비행기 충돌과 등장

장면2 비행기

비행기가 다시 등장할 때 [파워]와 [총알스피드] 값을 초기화합니다.

[홀드]가 '0'으로 되었기 때문에 다시 총알이 발사됩니다. 비행기가 반짝이는 효과를 내는 동안 [무적]이 '1'인 상태이고, 효과가 끝나면 [무적]이 '0'이 됩니다.

[투명도] 효과는 다음과 같이 '50'만큼 준 후 '-50' 만큼 주는 형태로 사용해도 동일한 효과를 줍니다. 단, 이전에 [투명도] 효과를 사용했음으로 '0'으로 정한 후에 사용해야 합니다.

미션 ★★ Smart mission

비행기 무적 효과 주기

무적 효과를 좀 더 확실하게 표현하기 위해 효과가 발생할 때 텍스트로 무적 상태를 표시해 보겠습니다. '무적' 오브젝트를 선택합니다. 이번 미션은 주어진 조건에 만족하도록 생각하여 블록을 조립해야 합니다.

장면2 무적

가

[v무적]이 '1'일 때 그림과 같은 위치에 다음 효과를 내면서 보이도록 한다.
크기를 '20'만큼 '0.2'초 간격으로 커졌다 줄었다 하는 효과를 낸다.
[v무적]이 '1'일 때만 보이며, '0'일 때는 보이지 않는다.
'장면이 시작되었을 때' 블록으로 시작하고 위치는 'x: 0 y: 70'으로 한다.

미션 확인 ▼

장면2 무적

가

비행기 무적 효과 주기

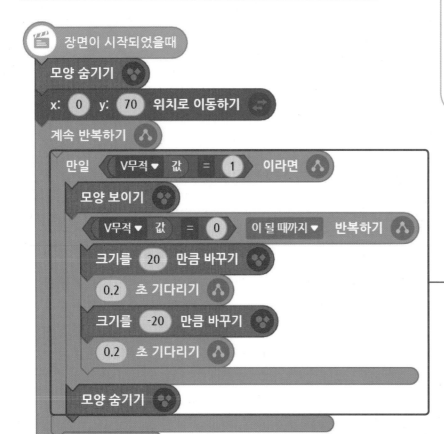

장면이 시작되었을때
모양 숨기기
x: 0 y: 70 위치로 이동하기
계속 반복하기
  만일 V무적▼ 값 = 1 이라면
    모양 보이기
    V무적▼ 값 = 0 이 될 때까지▼ 반복하기
      크기를 20 만큼 바꾸기
      0.2 초 기다리기
      크기를 -20 만큼 바꾸기
      0.2 초 기다리기
    모양 숨기기

[무적]이 1일 때 보이게 한 후 '0'이 될 때까지 효과를 주는 구성입니다. '0'이 되면 반복이 끝나고 모양을 숨깁니다.

계속 반복하기
  만일 V무적▼ 값 = 1 이라면
    모양 보이기
    크기를 20 만큼 바꾸기
    0.2 초 기다리기
    크기를 -20 만큼 바꾸기
    0.2 초 기다리기
  아니면
    모양 숨기기

본 게임에서는 [무적]은 '1' 아니면 '0' 값으로만 정하기 때문에 반복 안에서 [무적]이 '1'일 때 모양을 보이면서 효과를 주고 아니면 '0'임으로 모양을 숨기는 식으로 블록을 작성해도 동일한 효과를 낼 수 있습니다.

미션 ★★★
Smart mission

적기2 복제와 움직임 효과 주기

이제 '적기2' 오브젝트를 선택합니다. 적기2는 비행기의 위치에 따라 방향을 바꾸는 영리한 적기입니다. 복제본을 만드는 부분은 점수에 따라 복제본 개수가 늘어나는 다소 복잡한 계산식이 있어 다음 블록을 보고 따라서 조립해보세요.

장면2 적기2

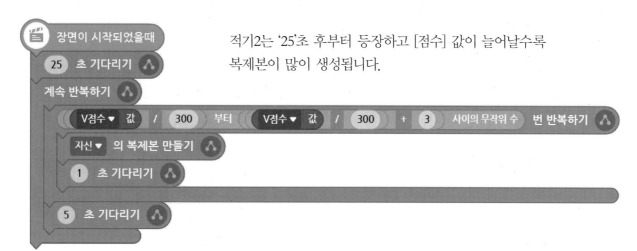

적기2는 '25'초 후부터 등장하고 [점수] 값이 늘어날수록 복제본이 많이 생성됩니다.

🎮 복제본이 처음 생성되었을 때

'x: 300 y: −100 ~ 90' 위치로 이동하여 보이게 한다.
왼쪽 끝까지 갈 때까지 '0.05'초 동안 왼쪽으로 '20'씩 움직인다.
이때 비행기가 자신보다 위에 있다면 y좌표를 위로 '3'씩 움직이고
비행기가 자신보다 아래에 있다면 y좌표를 아래로 '3'씩 움직이면서 해당 방향으로 '5'도씩 회전한다.
[파이어], [비행기], [총알] 중 하나에 닿았으면
[비행기]에 닿았고 [V무적]이 0이면 [V생명력]을 '1' 줄인다.
[폭발(50)] 함수를 사용한다.
왼쪽 끝까지 이동한 후 복제본을 삭제한다.

힌트

자신의 y좌표값과 비행기의 y좌표값을 비교하여 '만약 ~ 이라면 ~ 아니면' 블록을 사용합니다. 왼쪽 끝의 x좌표는 '−300'입니다.

미션 확인

적기2 복제와 움직임 효과 주기

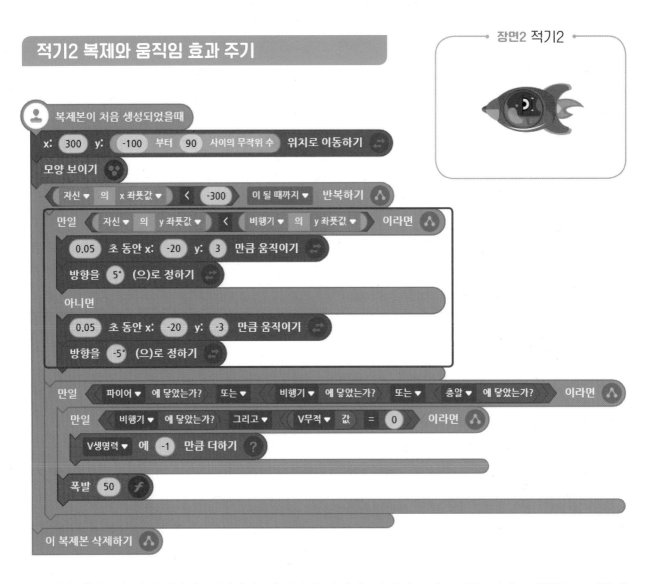

비행기가 자신보다 위에 있다면 비행기의 y좌푯값이 자신의 y좌푯값 보다 크다는 것이고 위쪽으로 이동해야 함으로 'y: 3'만큼 움직이게 합니다. 반대로 비행기가 자신보다 아래에 있다면 아니면 블록에 해당하는 것으로 판단하고, 아래쪽으로 이동해야 함으로 'y: −3'씩 움직이게 합니다. 이때 방향도 그에 맞춰서 '5'도씩 변경합니다.

미션 ★★
Text mission

파워아이템 복제 움직임

'파워아이템' 오브젝트를 선택합니다. 파워아이템은 총알의 파워를 높여주는 아이템으로 획득할 때마다 [V파워] 값을 '1'씩 증가시켜 줍니다. 1부터 5까지의 [파워] 값은 각 숫자만큼의 총알이 한번에 발사됩니다. 생명력이 있는 적기인 적기3와 보스에게도 그 [파워] 값만큼 생명력을 줄게 합니다.

장면2 파워아이템

🎮 장면이 시작되었을 때

'10'초마다 자신의 복제본을 생성한다.
단, [V파워] 값이 '5'보다 작을 때만 복제본이 생성되어야 한다.

🎮 장면이 시작되었을 때

오른쪽 끝으로 이동한 후 보이게 한다. y좌표는 '-70~70'으로 한다.
x좌표가 '-100' 보다 작을 때까지
'0.1'초 동안 x좌표를 왼쪽을 '15'씩, y좌표는 '-2~2'씩 바꾸고 [색깔] 효과를 '5'만큼 준다.
움직이다가 비행기에 닿으면 [V파워]에 '1' [V점수]에 '30'을 주고 [전자신호음3]을 재생한다.
'0.01'초 단위로 [투명도] 효과 '10' 크기를 '10'만큼 주는 것을 '7'번 반복한 후 복제본을 삭제한다.
비행기에 닿지 않고 반복문이 끝나면 복제본을 삭제한다.

힌트

오른쪽 끝의 x좌표는 '300'으로 합니다. [파워]와 [점수] 변수는 값을 주는 것은 더하기를 의미하고 '7'번 반복 블록 안에는 3개의 블록이 들어가야 합니다.

미션 확인

파워아이템 복제 움직임

장면2 파워아이템

P

장면이 시작되었을때

계속 반복하기

　10　초 기다리기

만일 〈 V파워 ▼ 값 〈 5 〉 이라면

　자신 ▼ 의 복제본 만들기

복제본이 처음 생성되었을때

x: 300 y: -70 부터 70 사이의 무작위 수 위치로 이동하기

모양 보이기

〈 자신 ▼ 의 x 좌푯값 ▼ 〈 -100 〉 이 될 때까지 ▼ 반복하기

0.1 초 동안 x: -15 y: -2 부터 2 사이의 무작위 수 만큼 움직이기

색깔 ▼ 효과를 5 만큼 주기

만일 〈 비행기 ▼ 에 닿았는가? 〉 이라면

　V파워 ▼ 에 1 만큼 더하기

　V점수 ▼ 에 30 만큼 더하기

　소리 전자신호음3 ▼ 재생하기

　7 번 반복하기

　　투명도 ▼ 효과를 10 만큼 주기

　　크기를 10 만큼 바꾸기

　　0.01 초 기다리기

　이 복제본 삭제하기

이 복제본 삭제하기

왼쪽 끝까지 오기 전
x좌표가 '-100' 지점까지만
오게 합니다.

아이템은 색깔을 계속 바꾸면서 움직이다가
비행기에 닿았을 때만 효과를 줍니다. 아이템
을 먹었을 때 사라지는 효과는 각자의 방법으
로 변경해봐도 좋습니다.

미션 ★ Smart mission

스피드아이템 복제 움직임

이제 '스피드아이템' 오브젝트를 선택합니다. 스피드아이템은 총알이 나가는 속도를 빠르게 해주는 아이템입니다. 총알이 복제될 때기다리는 시간인 [V총알스피드] 변수를 아이템을 먹을 때마다 줄여줍니다. 초기값은 '0.3'이고 최대값은 '0.1'입니다. 스피드 아이템의 블록의 구성은 파워 아이템과 비슷함으로 복사해서 지문을 참조하여 해당되는 조건만 변경해보세요.

장면2 스피드아이템

'17'초마다 자신의 복제본을 생성한다.
단, [V총알스피드] 값이 '0.1'보다 클 때만 복제본이 생성되어야 한다.
오른쪽에서 왼쪽으로 이동하는 반복문과 조건은 '파워아이템'과 동일하다.
움직이는 동안 비행기에 닿으면
[V총알스피드]에 '0.1'만큼 줄이고 [V점수]에 '30'만큼 더한다.
그 이후 효과는 '파워아이템'과 동일하다.

TIP

어떤 변수 값이 어느 오브젝트에서 어떻게 사용되었는지 확인하고 싶을 땐 어떻게 해야 할까요? [속성] 탭에서 변수를 클릭해서 해당 변수명을 선택하면 아래 속성과 함께 '사용한 오브젝트' 목록이 모두 나온답니다. 그 각각의 오브젝트를 클릭하면 블록 조립소에 해당 변수가 사용된 부분으로 이동해서 쉽게 확인할 수 있습니다. 많은 변수와 오브젝트를 사용하는 작품에서는 아주 유용한 기능이랍니다.

미션 확인

 스피드 아이템 복제 움직임

→ 장면2 스피드아이템

▶ 장면이 시작되었을때

계속 반복하기 🔥

    (17) 초 기다리기 🔥

    만일 〈 V총알스피드 ▼ 값 〉 > (0.1) 〉 이라면 🔥

        자신 ▼ 의 복제본 만들기 🔥

'0.1'보다 작거나 같으면 블록으로 바꾸면 어떻게 될까요? '0.1'일 때도 아이템이 나타나서 [총알스피드] 값이 '0'이 됩니다.(보스를 깰 수 있는 강력한 팁입니다.)

📑 복제본이 처음 생성되었을때

x: (300) y: (-70) 부터 (70) 사이의 무작위 수 위치로 이동하기 🔄

모양 보이기 ☯

    〈 자신 ▼ 의 x 좌푯값 ▼ 〉 < (-100) 이 될 때까지 ▼ 반복하기 🔥

    (0.1) 초 동안 x: (-20) y: (-2) 부터 (2) 사이의 무작위 수 만큼 움직이기 🔄

    색깔 ▼ 효과를 (1) 만큼 주기 ☯

    만일 〈 비행기 ▼ 에 닿았는가? 〉 이라면 🔥

        V총알스피드 ▼ 에 (-0.1) 만큼 더하기 ❓

'0.1'씩 줄이는 것은 '-0.1'만큼 더하기와 같다는 점에 주의하세요.

        V점수 ▼ 에 (30) 만큼 더하기 ❓

        소리 (전자신호음3 ▼) 재생하기 🔊

        (7) 번 반복하기 🔥

            투명도 ▼ 효과를 (10) 만큼 주기 ☯

            크기를 (10) 만큼 바꾸기 ☯

            (0.01) 초 기다리기 🔥

파워아이템과 동일한 블록들로 구성된 이 부분을 함수로 만들어서 사용하면 좋겠죠?

        이 복제본 삭제하기 🔥

이 복제본 삭제하기 🔥

따라하기

적기3 복제 움직이기

장면2 적기3

이제 '적기3' 오브젝트를 선택합니다. 적기3은 생명력이 1000이나 되는 강력한 적기입니다. 크기도 크고 천천히 움직여서 비행기가 움직일 수 있는 반경을 좁게 만들기도 한답니다. 생명력은 [VL적기3생명력] 변수를 사용하는데 '적기3' 오브젝트에서만 사용되는 변수입니다. 이전 적기들과 움직이는 부분의 블록 구성은 비슷하지만 [생명력] 변수를 제어하는 부분이 추가되어 복제본의 블록들이 다소 많아 이번에는 천천히 따라서 블록을 조립해보겠습니다.

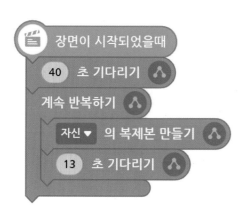

'40'초 후에 나타나고
그 이후 '13'초마다
복제본이 생성됩니다.

'적기3'의 생명력을 어떻게 줄이고 물리치는 조건은 어떻게 줘야 할까요?
다음과 같은 순서로 생각해본 후에 블록을 따라 조립해보세요.

❶ [VL적기3생명력]을 '100'으로 정한다.

❷ 총알에 맞으면 [VL적기3생명력]을 줄인다.
  ※ 이때 총알의 [V파워] 값만큼 줄여야 합니다.

❸ [VL적기3생명력]이 '0' 이하가 되면 복제본을 삭제한다.

총알의 [V파워] 값만큼 [VL적기3생명력]을 줄이려면 어떻게 해야 할까요?
'1'씩 줄이려면 '−1'을 하면 되고 [V파워] 값만큼 줄이려면 '−1 × [V파워]'하면 된답니다.
다음 블록을 보지 않고 '적기3'을 코딩해도 좋습니다.

스피드아이템 복제 움직임

장면2 적기3

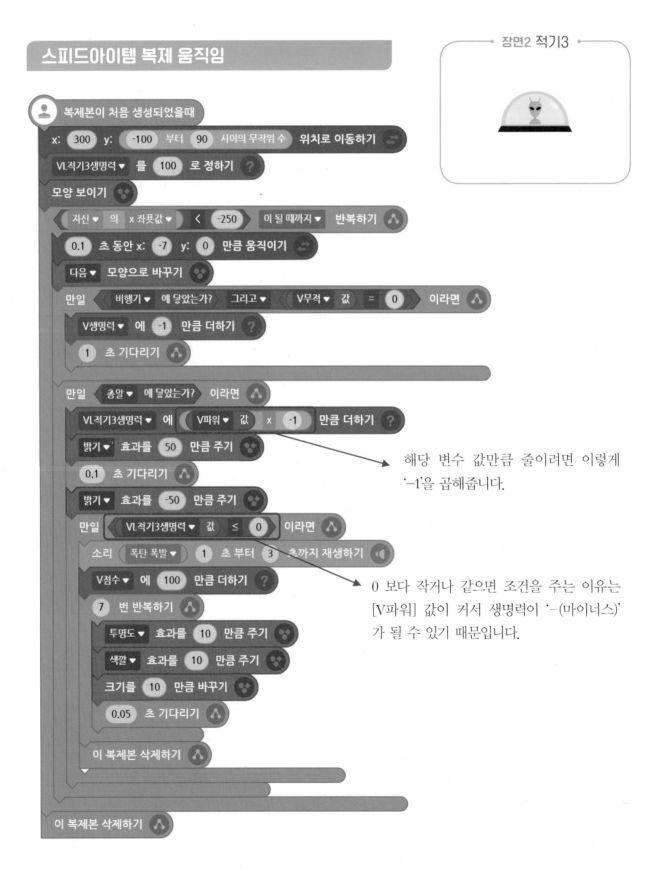

복제본이 처음 생성되었을때

x: 300 y: -100 부터 90 사이의 무작위 수 위치로 이동하기

VL적기3생명력 ▾ 를 100 로 정하기

모양 보이기

자신 ▾ 의 x 좌푯값 ▾ < -250 이 될 때까지 ▾ 반복하기

0.1 초 동안 x: -7 y: 0 만큼 움직이기

다음 ▾ 모양으로 바꾸기

만일 비행기 ▾ 에 닿았는가? 그리고 ▾ V무적 ▾ 값 = 0 이라면

V생명력 ▾ 에 -1 만큼 더하기

1 초 기다리기

만일 총알 ▾ 에 닿았는가? 이라면

VL적기3생명력 ▾ 에 V파워 ▾ 값 x -1 만큼 더하기

밝기 ▾ 효과를 50 만큼 주기

0.1 초 기다리기

밝기 ▾ 효과를 -50 만큼 주기

만일 VL적기3생명력 ▾ 값 ≤ 0 이라면

소리 폭탄 폭발 ▾ 1 초 부터 3 초까지 재생하기

V점수 ▾ 에 100 만큼 더하기

7 번 반복하기

투명도 ▾ 효과를 10 만큼 주기

색깔 ▾ 효과를 10 만큼 주기

크기를 10 만큼 바꾸기

0.05 초 기다리기

이 복제본 삭제하기

이 복제본 삭제하기

해당 변수 값만큼 줄이려면 이렇게 '-1'을 곱해줍니다.

0 보다 작거나 같으면 조건을 주는 이유는 [V파워] 값이 커서 생명력이 '-(마이너스)'가 될 수 있기 때문입니다.

미션 ★★
Smart mission

장면2 파이어

특수 기능 파이어

이제 게임 장면의 마지막 기능인 파이어 기능을 만들어 보겠습니다. 숫자 1 키를 누르면 작동하고 비행기 앞으로 '파이어' 오브젝트가 크기가 커지면서 발사되고 파이어에 닿은 적기들을 물리칠 수 있습니다. 단, 파이어는 [V파이어] 변수인 10만큼만 사용할 수 있고 한 번 발사된 후 2초 후에 다시 사용할 수 있습니다. 파이어는 한 번에 여러 개가 발사되지 않음으로 복제를 하지 않고 보였다가 숨기는 형태로 구현합니다. 주어진 지문에 해당하는 조건에 따라 필요한 블록을 찾아 미션을 수행해보세요.

🎮 장면이 시작되었을 때

[1] 키를 눌렀을 때 [V파이어] 값이 '0'보다 클 때만 발사된다.
발사될 때마다 [V파이어] 값이 '1'씩 줄어든다.
총알처럼 비행기 앞부분 위치에서 발사된다.
[총소리2]를 '0~0.5'초까지 재생한다.
x좌표를 '5'씩, 크기를 '5'씩 '0.01'초 간격으로 '20'번 반복한다.
발사가 끝난 후 모양을 숨기고 크기를 다시 '50'으로 정한다.
다음 발사는 '2'초 후에 할 수 있다.

미션 확인

특수 기능 파이어

장면2 파이어

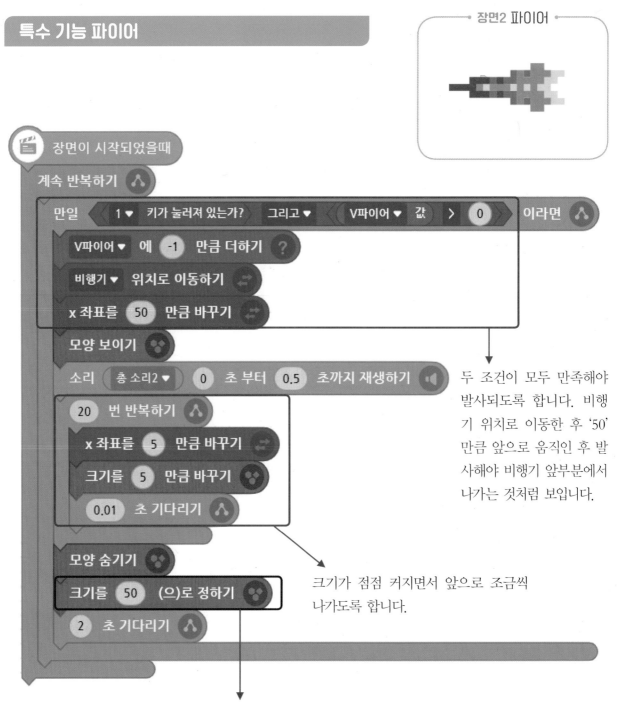

두 조건이 모두 만족해야 발사되도록 합니다. 비행기 위치로 이동한 후 '50' 만큼 앞으로 움직인 후 발사해야 비행기 앞부분에서 나가는 것처럼 보입니다.

크기가 점점 커지면서 앞으로 조금씩 나가도록 합니다.

크기를 변경했기 때문에 발사가 끝난 후 다시 원래 크기로 돌려 놓습니다.

최종 미션

보스를 물리쳐라

이제 모든 기능을 완성하였습니다. 나머지 기능들은 완성되어 있습니다.
보스를 물리치기 위한 몇 가지 정보를 드리겠습니다.

- 보스가 나오기 전 '적미사일' 여러 개가 위쪽 하늘에서 아래로 떨어지니 조심하세요.
  이 미사일은 총알로 처치할 수 없고 '파이어'로 제거할 수 있습니다.
- 점수를 많이 획득할수록 '적기2'가 많이 복제되어 나옵니다.
- '파이어'는 최대한 아껴두는 게 좋습니다. 보스를 물리칠 때 아주 유용한 기능입니다.
- 보스까지 남은 시간이 0이 되면 모든 적기가 사라지고 보스를 만나게 됩니다.
- 보스는 1000의 생명력을 가지고 있고 작은 미사일들을 계속 발사합니다.
- 보스의 작은 미사일들은 '파이어'로만 제거할 수 있습니다.
- 보스를 처치하기 어렵다면, 변수는 최대한 변경하지 말고 다른 블록들을 변경하여 물리쳐 보세요.

챌린지 미션 Challenge mission

좀 더 게임을 멋지게 만들고 싶다면 다음 챌린지 미션에 도전해보세요.

특수 기능을 더 추가해보자(ex. 공중 회전 회피 기능).
레벨 2를 만들어 난이도를 높여 보자.
랭킹 기능을 추가하여 친구들과 대결해보자.
나만의 멋진 엔딩 장면을 만들어 보자.

더 재미있는 기능을 추가해서 자신만의 작품을 만들어 공유해보세요.

TIP

'스카이프렌즈' 공개 랭킹전에 참여해보자.
엔트리 작품 공유하기에서 '스카이프렌즈'로 공개 랭킹전에 참여해 여러분의 실력을 보여주세요.

여러 사본들이 있을 수 있습니다. 이 경우 가장 조회수가 많은 작품을 선택하여 플레이하세요.

정리하기

이번 게임 작품은 어땠나요? 조금 어려웠나요? 어떤 부분이 재미있었고 어려웠는지
느낀점을 적어보는 건 어떨까요?

- 신호를 보내고 받는 기능을 이해하고 활용할 수 있습니다.
- 변수를 이용하여 특정 기능을 끄고 킬 수 있습니다.
- 반복되어 사용되는 블록들을 함수로 만들어 활용할 수 있습니다.
- 복제본을 활용하여 원하는 방향, 모양, 개수, 효과 등을 구현할 수 있습니다.
- 여러 블록들을 조합하여 원하는 기능을 만들 수 있습니다.

★ MEMO ★

코딩 퀴즈

최단 거리 경우의 수

A에서 B까지 갈 수 있는 최단 거리의 경우의 수는?

본 문제는 공간 인지와 수리 능력을 평가하는 문제입니다.

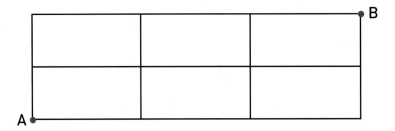

답과 함께 왜 그렇게 생각하는지 설명을 적어주세요.

정답 : 214page

코딩 스토리

휴보 HUBO

휴보는 한국 최초의 두 발로 걸을 수 있는 인간형 로봇입니다. 2004년 12월 한국과학기술원(KAIST)에서 개발한 로봇으로 키는 120cm, 몸무게 55kg으로 1분에 65걸음(시속 1.25km)을 걸을 수 있었어요.

41개의 모터를 갖고 있어 몸을 자연스럽게 움직일 수 있으며, 따로 움직이는 손가락으로 가위바위보도 하고 손목에 실리는 힘을 감지하여 악수할 때 적당한 힘으로 손을 아래, 위로 흔들기도 합니다.

2015년 DAPRA 재난 대응 로봇 대회에서 세계의 쟁쟁한 로봇들을 제치고 일들을 하였습니다.

코딩 퀴즈 정답

01
CHAPTER

다음 알파벳들은 어떤 기준에 의해 순서대로 놓여졌습니다.
ABCDEHI 다음에 나올 알맞은 알파벳은 무엇일까요?

본 문제는 패턴 인식과 관찰력을 평가하는 문제입니다.

A B C D E H I ?

① F　　② G　　③ J　　④ K

정답 : ④
주어진 문자는 모두 가로나 세로로 정확히 반으로 잘랐을 때 동일한 형태를 보여주는
문자들입니다. 그래서 정답은 K가 됩니다.

02
CHAPTER

물을 반만 채우려면?
유리컵 안에 물이 3분의 2가 담겨 있어요. 이 컵을 사용하여 물을
2분의 1만 채우려고 해요. 컵은 한 개뿐이며, 눈금도 새겨져 있지 않아요.
어떻게 물컵을 채워야 할까요?

본 문제는 창의력과 문제 해결력을 평가하는 문제입니다.

정답 : 컵을 기울여 그림과 같이 컵의 바닥 면의 윗부분과 컵 입구가 수평이
될 때까지 부으면 빈 곳과 채워져 있는 부분이 동일한 면적이 됩니다.

03
CHAPTER

아래의 그림 중 다른 하나를 찾아보세요.

본 문제는 패턴 인식과 관찰력을 평가하는 문제입니다.

①   ②   ③   ④   ⑤

정답 : ④

①, ②, ③, ⑤번은 모두 오른손, 4번만 왼손입니다.

모두 손바닥 면이 아닌 손등 쪽이라는 것을 인지할 수 있어야 합니다.

04
CHAPTER

단 한 개의 컵만 움직여서 물이 든 컵과 빈 컵을 번갈아 놓을 수 있을까요?

본 문제는 문제 해결력을 위한 문제입니다.

정답 : 첫 번째 컵을 들어 4번째 컵에 물을 붓고 다시 제자리에 놓으면 됩니다.

코딩 퀴즈 정답

최단 거리 경우의 수

A에서 B까지 갈 수 있는 최단 거리의 경우의 수는?

본 문제는 공간 인지와 수리 능력을 평가하는 문제입니다.

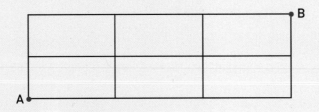

정답 : 10

아래의 그림은 포인트마다 갈 수 있는 경우의 수를 표시한 것입니다. 위 끝과 오른쪽 끝으로 가는 경우는 1가지밖에 없습니다. 표시된 점으로 이동하려면 화살표와 같이 2가지 방법이 있습니다. 이런 식으로 가는 방향이 오른쪽과 위쪽이므로 각 포인트에서 왼쪽과 아래쪽 포인트의 값을 더해주면 해당 포인트로 가는 최단 거리의 경우의 수를 구할 수 있게 됩니다.

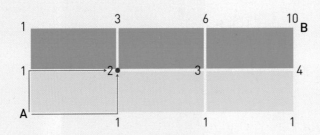

코딩프렌즈와 함께 하는
엔트리 게임 챌린지

1판 1쇄 발행　2020년 1월 6일
1판 2쇄 발행　2023년 5월 15일

저　자 | 지란지교에듀랩
발 행 인 | 김길수
발 행 처 | ㈜영진닷컴
주　소 | (우)08507 서울 금천구 가산디지털1로 128
　　　　　 STX-V타워 4층 401호
등　록 | 2007. 4. 27. 제16-4189

©2020., 2023. ㈜영진닷컴

ISBN | 978-89-314-6178-7

YoungJin.com **Y.**
영진닷컴

머리말

이정서 | 김동현 | 김진수 | 전재천 | 전용욱 | 장준혁 | 유원진

대구에서 소프트웨어 교육을 위해 동분서주하고 있는 초등학교 교사로 현재 대구교육대학교, 대구창의융합교육원, 대구미래교육연구원에 파견 및 대구매천초등학교에 재직 중입니다.

이들은 대구초등컴퓨팅교사연구회에서 만나 소프트웨어 교육에 대하여 매년 함께 연구 및 공유하고 있습니다. 교육부와 과학창의재단과 함께 대한민국과학창의축전, 소프트웨어 교육 페스티벌에서 소프트웨어 교육 체험장을 운영하고 있으며, 소프트웨어 교육 선도학교 중앙지원단으로서 전국의 소프트웨어 교육 선도학교를 찾아 다니며 지원하고 있고, 대구미래교육연구원에서 대구광역시 모든 학생들이 공부하는 '소프트웨어와 정보' 교과서를 집필하였습니다. 함께한 노력으로 대통령상을 비롯하여 소프트웨어 교육 발전 공로상을 수상하였으며 소프트웨어 교육 기부활동에 힘써 2018년에는 연구회 전체가 과학기술정보통신부장관상을 수상하는 등 소프트웨어 교육 전문성 향상에 전념하고 있습니다. 교육 현장 곳곳에서 교사, 학부모, 학생 대상으로 체험 프로그램을 운영하는 등 함께하는 소프트웨어 교육을 널리 전파하고 활성화하고자 항상 노력하고 있습니다.

〈뚜루뚜루와 함께하는 처음 코딩〉은 이렇게 소프트웨어 교육에 푹 빠져있는 선생님들이 뚜루뚜루를 만나고 그동안 함께 한 노하우를 모은 책입니다. 뚜루뚜루와 함께 즐겁고 신나는 프로그래밍 여행을 떠나볼 수 있을 것입니다.

최근 알파고, 인공지능 등의 등장과 수많은 관심이 '4차 산업혁명' 시대의 도래를 알리고 있습니다.

장차 '4차 산업혁명' 시대의 주역이 될 학생들에게 소프트웨어 교육은 더욱 더 많은 관심을 받고 있습니다. 이렇게 사회적으로 소프트웨어 교육에 대한 관심도가 높아지고 있지만 정작 소프트웨어 교육은 무엇이며 어떻게 해야 하는지에 대해서는 자세히 알지 못하기에 학생과 학부모 모두 답답할 수밖에 없었습니다.

이에 따라 교육부에서는 '2015년 개정교육과정'을 통해 소프트웨어 교육을 본격적으로 적용하여 추진하고 있습니다. 2018년 중·고등학교를 시작으로 올해 2019년에는 초등학교 5~6학년 정규 수업 시간에 총 17시간 이상 소프트웨어 교육이 이루어지게 됩니다. 그렇다면 초등학교 정규 교육과정에서의 소프트웨어 교육은 어떻게 이루어지고 있을까요?

소프트웨어 교육은 크게 언플러그드 활동, EPL 교육, 로봇 활용 교육으로 나누어 볼 수 있습니다.

언플러그드(Unplugged) 활동은 컴퓨터 없이 과학적 사고를 향상시킬 수 있는 다양한 놀이 활동을 의미합니다. 신체 활동이나 보드게임과 같은 놀이 활동을 통해서 학생들은 자연스럽게 절차적 사고, 데이터의 표현, 알고리즘 등의 컴퓨터 과학을 체험하게 됩니다.

EPL(Educational Programming Language) 교육은 교육용 프로그래밍 언어를 사용하여 프로그램의 알고리즘을 학습하는 교육입니다. 학생들은 어려운 'C언어'가 아니라 보다 간결한 블록형 프로그래밍 언어인 '스크래치', '엔트리' 등을 체험해보며 소프트웨어의 기본적인 개념과 원리를 학습하게 됩니다.

로봇 활용 교육은 기술 및 장치를 이용하여 물리적인 방식으로 정보를 입력하고 출력하는 과정을 체험해보는 교육입니다. 학생들은 센서보드나 로봇, 드론 등의 교구를 컴퓨팅 과학의 원리로 제어해서 실생활의 문제를 해결해보며 미래사회에 한 걸음 더 다가가게 됩니다.

이렇게 다양한 소프트웨어 교육 활동을 통해서 학생들은 컴퓨터 프로그래밍과 논리적 사고력에 필요한 절차적 사고, 선택적 사고, 반복적 사고를 함양할 수 있습니다. 또한 학생들은 소프트웨어와 관련된 융합·복합적인 교육을 통해 실생활의 문제를 보다 더 창의적이고 효율적으로 해결하는 컴퓨팅 사고력(Computational Thinking)을 기를 수 있습니다.

본 교재를 통해 언플러그드 활동, EPL 교육, 로봇 활용 교육 등 소프트웨어 교육을 보다 더 쉽고 재미있게 체험하면서 자연스럽게 '4차 산업혁명'시대의 주역으로 자라나길 바랍니다.

-저자일동-

뚜루봇 컬러 카드
애플리케이션 활용하기

- 뚜루봇 애플리케이션을 설치할 수 있습니다.
- 뚜루봇 컬러 카드 애플리케이션을 활용해서 뚜루뚜루에게 이동 명령을 입력할 수 있습니다.
- 뚜루봇 컬러 카드 애플리케이션으로 두더지 잡기 놀이를 할 수 있습니다.

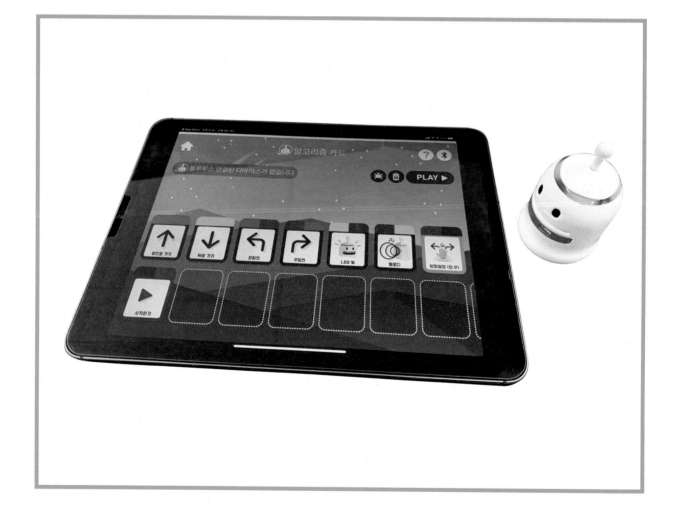

미리 살펴보아요!

01 | 무엇이 필요할까요?

이번 활동을 하기 위해 무엇이 필요한지 함께 살펴봅니다.

▲ 뚜루뚜루

▲ 인터넷이 연결된 태블릿 PC

▲ 활동지(부록 1쪽)

02 | 이번 활동을 미리 살펴볼까요?

뚜루봇 컬러 카드 애플리케이션으로 뚜루뚜루에게 순서대로 이동하는 명령을 입력할 수 있습니다. 태블릿 PC 화면에 표시된 알고리즘 카드를 활용해서 뚜루뚜루를 이동시켜 봅니다.

뚜루봇 컨트롤러 애플리케이션 설치하기

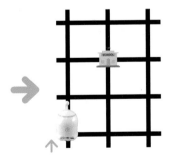

뚜루봇 컬러 카드 애플리케이션과 친해지기

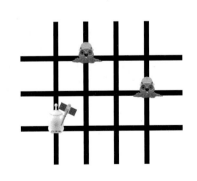

뚜루뚜루와 함께 두더지 잡기 놀이

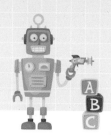

같이 해보아요!
뚜루뚜루

뚜루뚜루에게 이동 명령을 입력할 수 있는 뚜루봇 컬러 카드 애플리케이션을 태블릿 PC에 설치해봅니다.

01 검색을 통해 '뚜루뚜루' 또는 '뚜루봇'을 검색합니다. 검색 결과 중 '뚜루뚜루' 애플리케이션을 선택한 다음 설치합니다.

 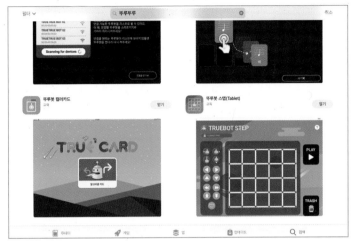

02 '뚜루뚜루' 애플리케이션을 실행한 다음 '뚜루봇 컬러 카드'를 선택해서 실행해 봅니다.

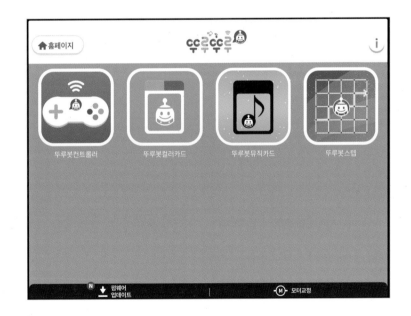

뚜루봇 컬러 카드 애플리케이션을 활용해 뚜루뚜루가 출발 지점에서 시작해서 학교까지 갈 수 있도록 순서대로 이동 명령을 내려봅니다.

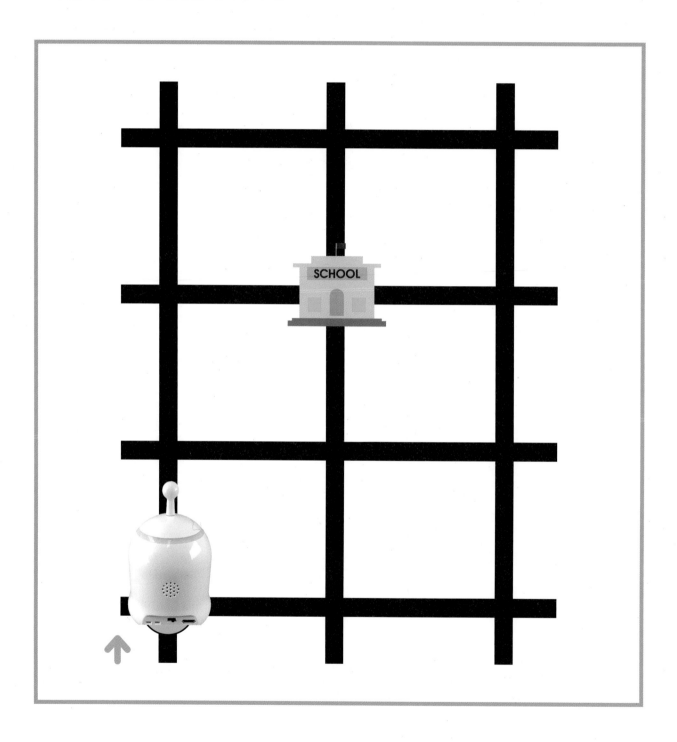

01

- 활동지(부록 1쪽)에서 뚜루뚜루를 출발 지점에 올려놓아봅니다.
- 뚜루뚜루가 출발 지점에서 시작해서 학교까지 갈 수 있도록 순서대로 명령을 입력해 봅니다.

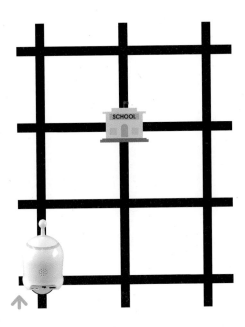

02

뚜루봇 컬러 카드 애플리케이션을 실행하여 알고리즘 카드 모드와 이벤트 카드 모드 중 알고리즘 카드를 선택합니다.

03 ・다음 그림처럼 알고리즘 카드 모드 화면을 만날 수 있습니다.

・뚜루뚜루에 연결되지 않았을 경우 디바이스에 연결되지 않았습니다. 메시지가 나타납니다.

04 모양의 블루투스 버튼을 누르면 뚜루뚜루와 연결할 수 있습니다.

05 격자 카드를 시작하기 카드의 다음 칸으로 끌어옵니다.

06 뚜루뚜루가 집에서 학교까지 가기 위한 명령을 순서대로 놓아봅니다.

07

- 알고리즘에 맞춰 명령 카드를 끌어다 놓고 끝내기 카드를 끌어다 놓습니다.
- **PLAY ▶** 버튼을 눌러 뚜루뚜루가 명령대로 집에서 학교로 이동하는지 확인해 봅니다.

08 같은 동작이 여러 번 반복되는 명령은 반복 시작 카드와 반복 끝 카드 사이에 넣고 횟수만큼 명령을 반복합니다.

뚜루뚜루 TIP

뚜루뚜루에게 명령을 입력할 수 있는 컬러 카드의 종류를 살펴봅니다.

시작하기

이후 넣는 카드로 명령을 시작할 수 있습니다.

끝내기

이전까지 넣은 카드로 명령을 실행합니다.

앞으로 가기

뚜루뚜루가 앞으로 한 번 갑니다.

뒤로 가기

뚜루뚜루가 뒤로 한 번 갑니다.

좌회전

뚜루뚜루가 왼쪽으로 돌아갑니다.

우회전

뚜루뚜루가 오른쪽으로 돌아갑니다.

LED 빛

뚜루뚜루의 머리에서 여러 색상 LED 불빛을 보여줍니다.

멜로디

뚜루뚜루가 멜로디를 연주합니다.

반복 시작

이후 넣는 카드로 명령을 여러 번 반복할 수 있습니다.

반복 끝

이전까지 넣은 카드로 명령을 반복합니다.

격자

이후 넣는 이동 명령과 함께 사용하면 격자 무늬를 한 칸씩 이동합니다.

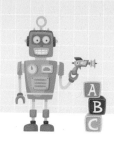

도전 해보아요!

 도전 - **뚜루뚜루와 함께 두더지 잡기 놀이하기**

두더지 잡기 놀이를 해 본 경험이 있나요? 뚜루봇 컬러 카드 애플리케이션을 활용해 뚜루뚜루가 두더지 2마리가 있는 위치까지 순서대로 잡으러 갈 수 있도록 이동 명령을 입력해 봅니다.

◆ (부록 3, 31쪽) 두더지 붙임딱지를 떼어내어 위의 그림과 같이 격자 위에 붙여봅니다.

◆ (부록 31쪽) 뿅망치 붙임딱지를 떼어내어 위의 그림과 같이 뚜루뚜루의 오른쪽에 붙이고, 출발 지점에 위치시켜 봅니다.

◆ (부록 31쪽) 뚜루뚜루가 활동지의 출발 지점에서 두더지를 잡으러 가기 위해 어떤 순서로 명령을 입력해야 할지 알고리즘 카드 붙임딱지를 필요한 만큼 붙여보면서 계획해 봅니다.

알고리즘 설계하기

시 작				

뚜루봇 뮤직 카드 애플리케이션 활용하기

- 뚜루봇 뮤직 카드 애플리케이션을 실행할 수 있습니다.
- 뚜루봇 뮤직 카드 애플리케이션을 활용해서 뚜루뚜루로 음악을 연주할 수 있습니다.
- 뚜루봇 뮤직 카드 애플리케이션으로 '똑같아요' 동요를 연주할 수 있습니다.

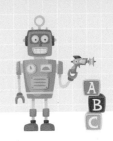

뚜루뚜루
미리 살펴보아요!

01 | 무엇이 필요할까요?

이번 활동을 하기 위해 무엇이 필요한지 함께 살펴봅니다.

▲ 뚜루뚜루

▲ 뚜루뚜루 애플리케이션이 설치된 태블릿 PC

▲ 활동지(부록 5쪽)

02 | 이번 활동을 미리 살펴볼까요?

뚜루봇 뮤직 카드 애플리케이션으로 뚜루뚜루에게 순서대로 음악을 연주하는 명령을 입력할 수 있습니다. 태블릿 PC 화면에 표시된 뮤직 카드를 활용해서 뚜루뚜루로 함께 음악 연주를 해 봅니다.

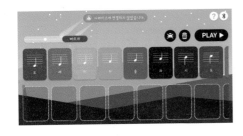

뚜루봇 뮤직 카드 애플리케이션과 친해지기

뚜루뚜루로
차례대로 음 연주하기

뚜루뚜루와 함께
똑같아요 연주하기

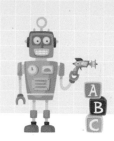

같이 해보아요!

01 애플리케이션이랑 친해지기

뚜루봇 뮤직 카드 애플리케이션을 활용해 뚜루뚜루가 차례대로 음을 연주하는 명령을 내려봅니다.

01

- 악보의 음을 확인해 봅니다.
- 뚜루뚜루 애플리케이션에서 뚜루봇 뮤직 카드 애플리케이션을 실행합니다.
- 뚜루뚜루가 '도레미파솔라시도' 음을 차례대로 연주할 수 있도록 명령을 내려봅니다.

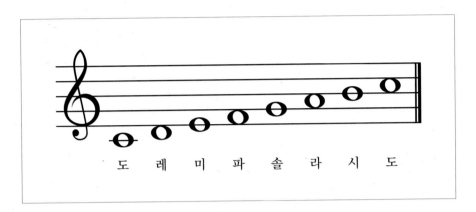

02

- 뚜루봇 뮤직 카드 애플리케이션을 실행하면 연주 명령을 입력할 수 있는 화면이 나타납니다.
- 뚜루뚜루에 연결되지 않았을 경우 디바이스에 연결되지 않았습니다. 메시지가 나타납니다.

03 🚫 모양의 블루투스 버튼을 눌러 뚜루뚜루와 연결할 수 있습니다.

04
- 카드를 손으로 끌어서 첫 번째 빈 칸이 가져다 놓습니다.
- PLAY ▶ 버튼을 눌러서 뚜루뚜루가 '도' 음을 연주하는지 확인해 봅니다.

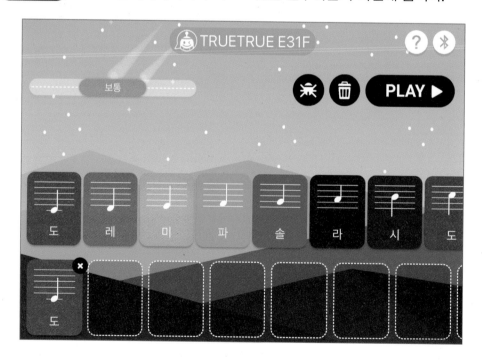

05

- 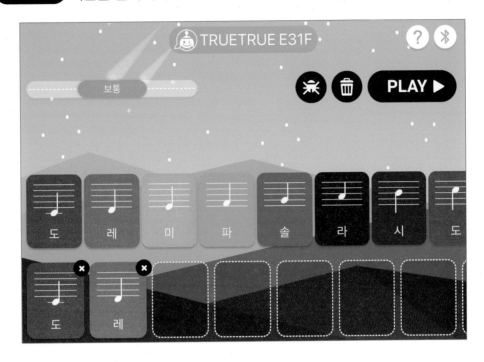 카드 다음 음인 카드를 손으로 끌어서 두 번째 빈 칸에 가져다 놓습니다.
- **PLAY ▶** 버튼을 눌러서 뚜루뚜루가 '도레' 음을 연주하는지 확인해 봅니다.

06

- 뚜루뚜루가 '도레미파솔라시도' 음을 연주할 수 있도록 차례대로 뮤직 카드를 끌어다 놓습니다.
- **PLAY ▶** 버튼을 눌러 뚜루뚜루가 제대로 음을 연주하는지 확인해 봅니다.

뚜루뚜루 TIP

 뚜루뚜루가 낮은 '도' 음을 연주합니다.

 뚜루뚜루가 낮은 '레' 음을 연주합니다.

 뚜루뚜루가 낮은 '미' 음을 연주합니다.

 뚜루뚜루가 '파' 음을 연주합니다.

 뚜루뚜루가 '솔' 음을 연주합니다.

 뚜루뚜루가 '라' 음을 연주합니다.

 뚜루뚜루가 '시' 음을 연주합니다.

 뚜루뚜루가 높은 '도' 음을 연주합니다.

 뚜루뚜루가 높은 '레' 음을 연주합니다.

 뚜루뚜루가 높은 '미' 음을 연주합니다.

 뚜루뚜루가 연주 중에 한 박자를 쉽니다.

 이후 넣는 뮤직 카드 음을 반복해서 연주하기 시작합니다.

 이전까지 넣은 뮤직 카드 음을 반복해서 연주합니다.

 음악 연주의 빠르기를 조절할 수 있습니다.

뮤직 카드를 클릭하면 다른 음표로 바꿀 수 있습니다.

도전 해보아요!

 도전 - 뚜루뚜루와 함께 동요 연주하기

'똑같아요' 동요를 들어본 경험이 있나요? 뚜루봇 뮤직 카드 애플리케이션을 활용해 뚜루뚜루로 동요를 연주해 봅니다.

똑같아요

윤석중 작사

도 미 솔 도 미 솔 라 라 라 솔

파 파 파 미 미 미 레 레 레 도

◆ (부록 5쪽) 뮤직 카드 붙임딱지를 떼어내어 똑같아요 악보의 계이름과 같이 알고리즘 설계하기에 붙여
  봅니다.

◆ 알고리즘 설계가 끝나면 뚜루봇 뮤직 카드 애플리케이션에서 설계한대로 연주해 봅니다.

뚜루봇 스텝
애플리케이션 활용하기

- 뚜루봇 스텝 애플리케이션을 실행할 수 있습니다.
- 뚜루봇 스텝 애플리케이션을 활용해서 뚜루뚜루를 순서대로 이동시킬 수 있습니다.
- 뚜루봇 스텝 애플리케이션으로 집 찾아가기 미션을 성공할 수 있습니다.

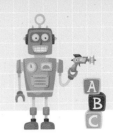

뚜루뚜루
미리 살펴보아요!

01 | 무엇이 필요할까요?

이번 활동을 하기 위해 무엇이 필요한지 함께 살펴봅니다.

▲ 뚜루뚜루

▲ 뚜루뚜루 애플리케이션이 설치된 태블릿 PC

▲ 활동지(부록 9쪽)

02 | 이번 활동을 미리 살펴볼까요?

뚜루봇 스텝 애플리케이션으로 설계한 알고리즘대로 뚜루뚜루를 이동시킬 수 있습니다. 뚜루뚜루를 순서대로 이동해보면서 순차 알고리즘이 무엇인지 익혀봅니다.

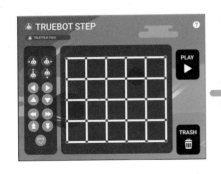

뚜루봇 스텝 애플리케이션 실행하기

뚜루봇 스텝 애플리케이션과 친해지기

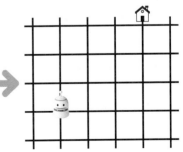

뚜루뚜루와 함께 집 찾아가기

같이 해보아요!

---

01 | 애플리케이션이랑 친해지기

뚜루봇 스텝 애플리케이션으로 뚜루뚜루가 출발 지점에서 도착 지점까지 갈 수 있도록 알고리즘을 설계해보고 이동시켜 봅니다.

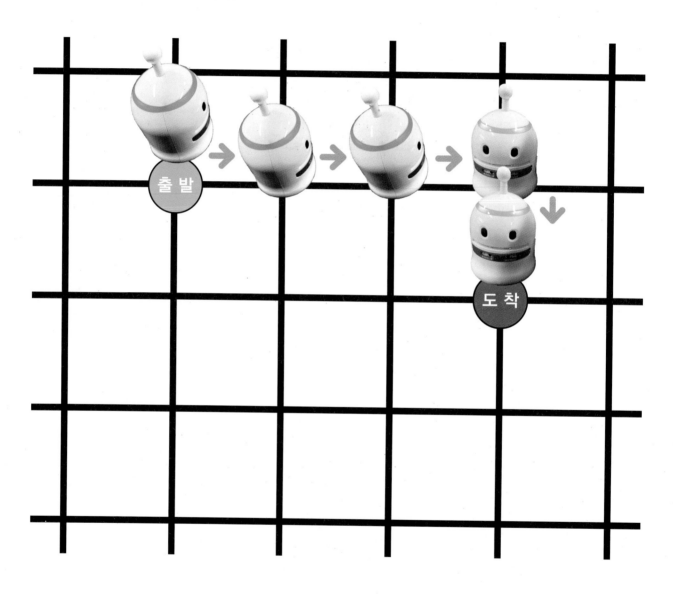

01

- 부록 7쪽의 활동지에서 뚜루뚜루를 출발 지점에 올려놓아봅니다.
- 뚜루뚜루가 도착 지점까지 가기 위한 알고리즘을 생각해 봅니다.

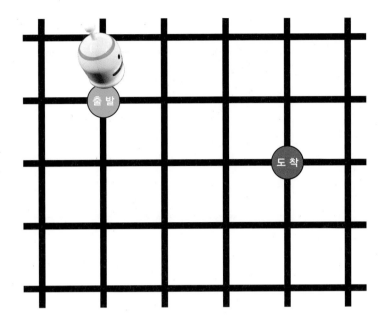

02 뚜루봇 스텝 애플리케이션을 실행하면 뚜루뚜루에게 명령을 입력할 수 있는 격자판이 나타납니다.

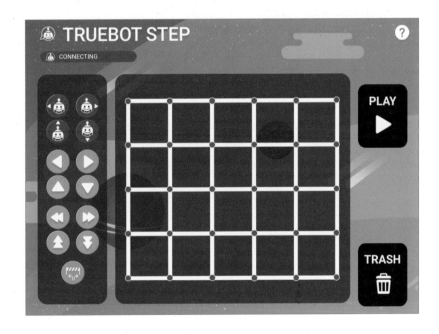

03 뚜루뚜루의 전원을 켜고 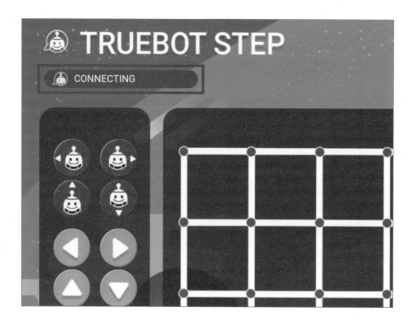 버튼을 누르면 뚜루뚜루와 태블릿 PC가 연결됩니다.

04 ? 버튼을 누르면 각 명령의 설명을 확인할 수 있습니다.

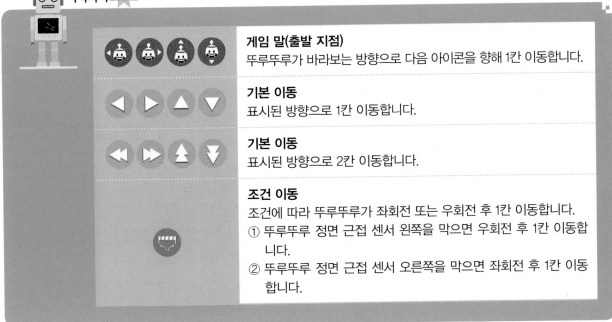

뚜루뚜루 TIP

게임 말(출발 지점)
뚜루뚜루가 바라보는 방향으로 다음 아이콘을 향해 1칸 이동합니다.

기본 이동
표시된 방향으로 1칸 이동합니다.

기본 이동
표시된 방향으로 2칸 이동합니다.

조건 이동
조건에 따라 뚜루뚜루가 좌회전 또는 우회전 후 1칸 이동합니다.
① 뚜루뚜루 정면 근접 센서 왼쪽을 막으면 우회전 후 1칸 이동합니다.
② 뚜루뚜루 정면 근접 센서 오른쪽을 막으면 좌회전 후 1칸 이동합니다.

05
• 뚜루뚜루를 격자판 위에 놓은 출발 지점에 명령을 손으로 끌어다 놓습니다.
• 기본 이동과 조건 이동을 이용해서 뚜루뚜루가 도착 지점까지 가기 위한 명령을 순서대로 놓아봅니다.

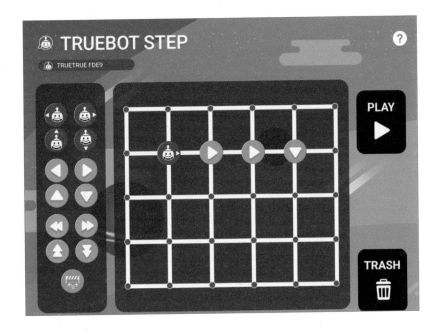

06 버튼을 눌러 명령을 실행하거나 🗑 버튼을 눌러 명령을 삭제할 수 있습니다.

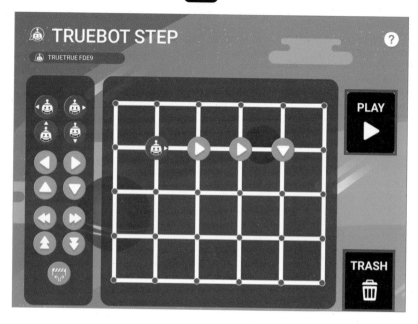

 뚜루뚜루 TIP

이동 명령을 입력할 때는 뚜루뚜루의 입장에서 방향을 생각해보면 쉽게 프로그래밍할 수 있습니다.

도전 해보아요!

 도전 - **뚜루뚜루와 함께 집 찾아가기**

뚜루뚜루가 새로운 동네로 이사를 갔습니다. 아직 뚜루뚜루는 동네 길이 낯설지만, 뚜루뚜루가
바르게 집에 찾아갈 수 있도록 뚜루봇 스텝 애플리케이션으로 명령을 내려봅니다.

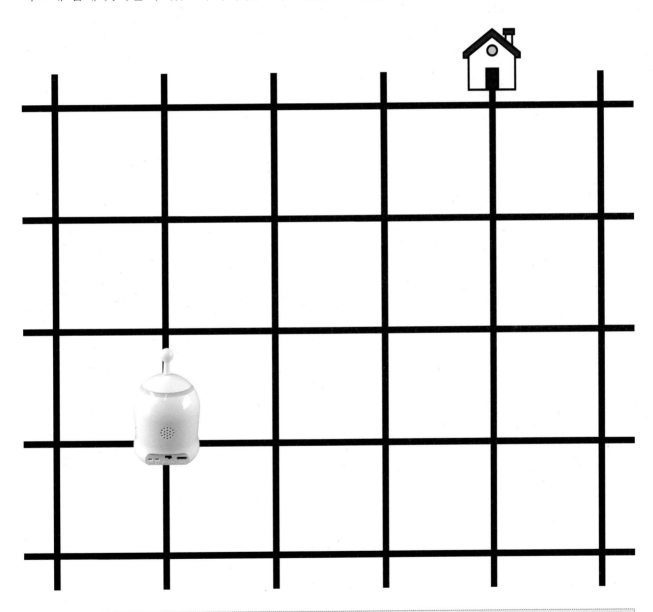

◆ (부록 35쪽) 입체 사물 붙임딱지를 이용하여 집을 만들어 봅니다.

◆ (부록 9쪽) 활동지에 위의 그림과 같이 뚜루뚜루와 집을 위치시켜 봅니다.

◆ (부록 37쪽) 뚜루뚜루가 활동지의 출발 지점에서 집까지 가기 위해 붙임딱지를 붙여보며 계획해 봅니다.

알고리즘 설계하기

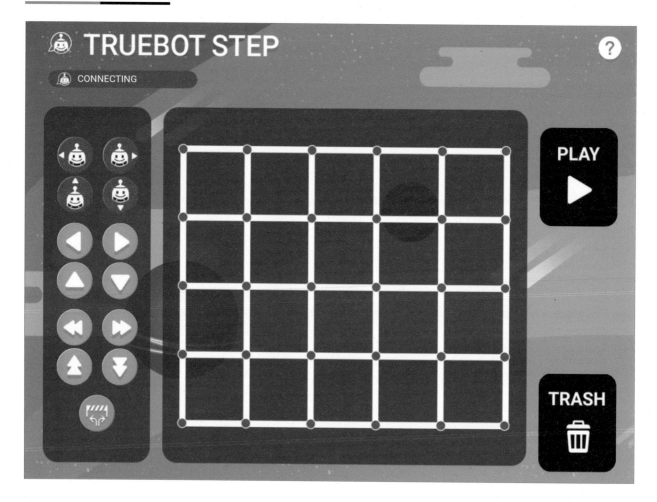

◆ (부록 9쪽) 계획한 명령의 순서대로 뚜루봇 스텝 애플리케이션을 활용해 뚜루뚜루를 움직여 봅니다.

◆ 뚜루뚜루가 집으로 가는 또 다른 방법을 생각해 봅니다.

도전 - 장애물 피해 목적지 찾아가기

◆ (부록 35쪽) 입체 사물 붙임딱지를 이용하여 다양한 건물을 만들어 봅니다.

◆ 기본 이동 명령을 활용해 집이나 학교 등 다양한 장소를 찾아봅니다.

◆ 공사 중인 곳이나 연못은 지나갈 수 없습니다.

◆ (부록 37쪽) 뚜루뚜루가 활동지의 출발 지점에서 집까지 가는 길에 장애물을 피하기 위해서는 어떤 명령을 내려야 할지 붙임딱지를 붙여보며 계획해 봅니다.

알고리즘 설계하기

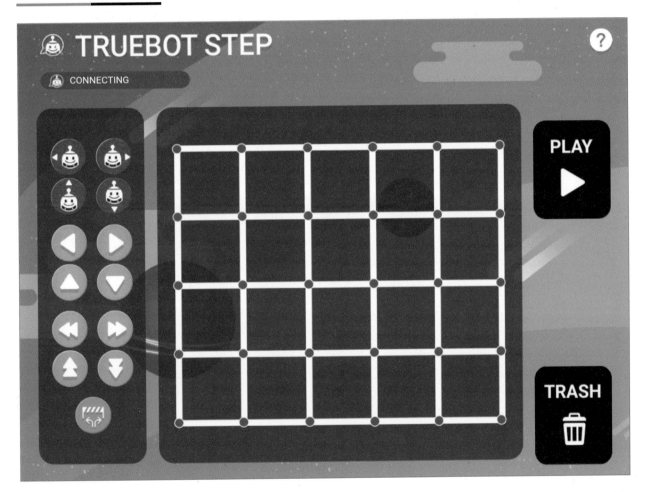

◆ (부록 9쪽) 계획한 명령의 순서대로 뚜루봇 스텝 애플리케이션을 활용해 뚜루뚜루를 움직여 봅니다.

◆ 건물들의 위치를 바꿔가면서 다양한 길찾기를 생각해 봅니다.

뚜루봇 컨트롤러
애플리케이션 활용하기

- 뚜루봇 컨트롤러 애플리케이션을 실행할 수 있습니다.
- 뚜루봇 컨트롤러 애플리케이션을 활용해서 뚜루뚜루를 이동 명령을 입력할 수 있습니다.
- 뚜루봇 컨트롤러 애플리케이션으로 뚜루뚜루 퍼레이드를 할 수 있습니다.

뚜루뚜루
미리 살펴보아요!

01 | 무엇이 필요할까요?

이번 활동을 하기 위해 무엇이 필요한지 함께 살펴봅니다.

▲ 뚜루뚜루

▲ 뚜루뚜루 애플리케이션이 설치된 태블릿 PC

▲ 활동지(부록 11쪽)

02 | 이번 활동을 미리 살펴볼까요?

뚜루봇 컨트롤러 애플리케이션으로 뚜루뚜루에게 이동 명령을 입력할 수 있습니다. 태블릿 PC에 표시된 조이스틱, 버튼 또는 자이로 센서를 활용해서 뚜루뚜루를 이동시키며 뚜루뚜루와 함께 퍼레이드를 해 봅니다.

뚜루봇 컨트롤러 애플리케이션 실행하기

뚜루봇 컨트롤러 애플리케이션 활용하기

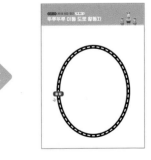

뚜루뚜루와 함께 퍼레이드 활동하기

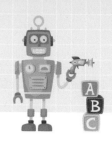

같이 해보아요!

01 │ 애플리케이션이랑 친해지기

뚜루봇 컨트롤러 애플리케이션을 활용해 뚜루뚜루가 도로를 한 바퀴 돌 수 있도록 조이스틱, 버튼, 자이로 센서로 이동 명령을 내려봅니다.

출 발

01
- 부록 11쪽의 활동지에서 뚜루뚜루를 출발 지점에 올려놓아봅니다.
- 뚜루뚜루가 도로를 따라서 한 바퀴 이동할 수 있도록 명령을 입력해 봅니다.

02 뚜루봇 컨트롤러 애플리케이션을 실행하면 뚜루뚜루에게 이동 명령을 내릴 수 있는 조이스틱 화면이 나타납니다.

03 뚜루뚜루의 전원을 켜고  버튼을 누르면 뚜루뚜루와 태블릿 PC가 연결됩니다.

04  버튼을 눌러 보면 뚜루뚜루와 태블릿 PC를 블루투스로 연결하기 위한 방법을 확인해볼 수 있습니다.

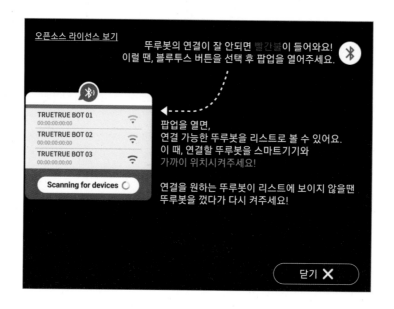

05 뚜루뚜루 모양의 버튼을 누른 채로 원하는 방향으로 드래그하면 뚜루뚜루가 해당 방향으로 이동합니다.

06
- 버튼 모드에서는 원하는 이동 방향의 버튼을 눌러 뚜루뚜루를 이동시킬 수 있습니다.
- 버튼을 눌러 뚜루뚜루가 이동하는 중 멈추어야 할 경우 STOP 버튼을 누르면 멈춥니다.
- 뚜루뚜루 머리 부분의 LED 색상과 빠르기를 조절할 수 있습니다.

• 자이로 모드에서는 ^{PRESS} 버튼을 누른 채로 태블릿 PC를 앞뒤 또는 좌우로 기울여서 뚜루뚜루가 이동하도록 명령을 입력할 수 있습니다.

• 뚜루뚜루가 활동지를 한 바퀴 돌 수 있도록 이동 명령을 입력해 봅니다.

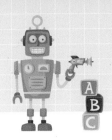

도전해 보아요!

 도전 - **뚜루뚜루와 함께 퍼레이드하기**

올림픽 개막식 때 퍼레이드하는 것을 본 경험이 있나요? 뚜루봇 컨트롤러 애플리케이션을 활용해 뚜루뚜루가 트랙을 돌면서 퍼레이드 할 수 있도록 이동 명령을 입력해 봅니다.

출발

관중석

◆ (부록 39쪽) 뚜루뚜루 오른쪽에 퍼레이드 할 나라의 깃발 붙임딱지를 떼어내서 붙입니다.

　원하는 나라가 없다면 빈 국기를 떼어내서 그려봅니다.

◆ (부록 13쪽) 활동지에 위의 그림과 같이 깃발을 든 뚜루뚜루를 위치시켜 봅니다.

◆ 뚜루뚜루가 트랙을 따라 퍼레이드를 하도록 명령을 내려봅니다.

◆ 관중석 앞을 지날때 세레모니(LED 켜기, 제자리 돌기 등) 하도록 명령을 내려봅니다.

뚜루뚜루와 엔트리 연결하기

- 뚜루뚜루 연결 프로그램을 다운로드하여 실행할 수 있습니다.
- 뚜루뚜루를 엔트리(entry)와 연결할 수 있습니다.
- 뚜루뚜루 명령어 블록을 이해할 수 있습니다.

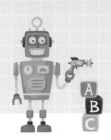

뚜루뚜루
미리 살펴보아요!

01 | 무엇이 필요할까요?

이번 활동을 하기 위해 무엇이 필요한지 함께 살펴봅니다.

▲ 뚜루뚜루

▲ 인터넷이 연결된 컴퓨터

▲ 뚜루뚜루 USB 동글

02 | 이번 활동을 미리 살펴볼까요?

뚜루뚜루를 교육용 프로그래밍 언어인 엔트리와 연결하면 직접 프로그램을 만들고 뚜루뚜루를 움직일 수 있습니다. 뚜루뚜루 USB 동글을 컴퓨터에 연결하고, 뚜루뚜루와 연동하는 절차를 거쳐 뚜루뚜루를 엔트리와 연결해 봅니다.

엔트리 접속하기

연결 프로그램 다운로드 및 실행하기

뚜루뚜루와 연결하기

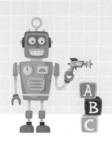

뚜루뚜루 같이 해보아요!

01 | 뚜루뚜루와 엔트리 연결하기

뚜루뚜루 USB 동글을 이용하여 뚜루뚜루를 엔트리와 연결할 수 있습니다. 엔트리 홈페이지에 접속해서 연결에 필요한 프로그램을 설치해 봅니다.

01 주소창에 www.playentry.org/ 을 입력하거나 검색창에 '엔트리'를 검색해서 엔트리 홈페이지에 접속합니다.

02 엔트리 홈페이지의 상단메뉴에서 [만들기] – [작품 만들기]를 선택합니다.

학습하기	만들기	공유하기
엔트리 학습하기	작품 만들기	작품 공유하기
교육 자료	교과용 만들기 (실과)	학급 공유하기
오픈 강의	오픈 강의 만들기	
우리 반 학습하기	학급 만들기	

03 엔트리 블록 카테고리(시작, 흐름, 움직임 등)에서 제일 아래쪽에 있는 [하드웨어]를 선택합니다.

04 새롭게 표시된 내용 중에서 [연결 프로그램 다운로드]를 선택합니다.

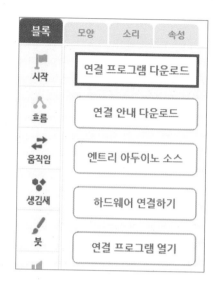

05 연결 프로그램이 다운로드 되면 [다음]을 클릭해서 컴퓨터에 설치합니다.

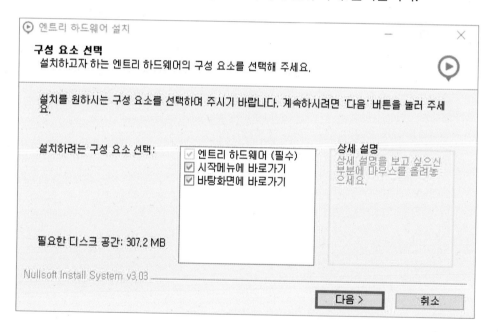

06 설치가 완료되면 [엔트리 하드웨어 실행하기]를 선택하고, [마침]을 클릭하여 엔트리 하드웨어를 실행합니다.

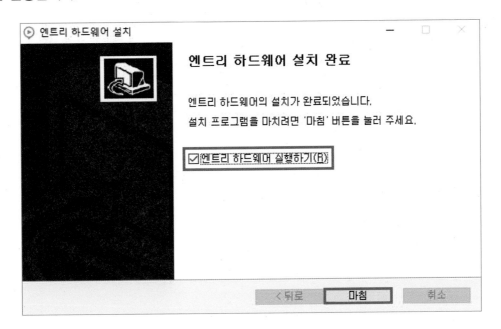

07
- 여러 가지 로봇 중에 뚜루뚜루를 선택합니다.
- 화면에 뚜루뚜루가 보이지 않을 경우 화면을 아래로 내려서 찾을 수 있습니다.

08 • 뚜루뚜루를 선택하고 팝업으로 나타난 화면에서 연결할 COM PORT를 [COM1]로 연결하지 않고 눈으로만 확인합니다.

• 컴퓨터에 따라 USB 동글의 COM PORT 숫자가 다를 수 있습니다.

09 • 뚜루뚜루 USB 동글을 컴퓨터에 꽂아봅니다.

• USB가 정상적으로 꽂아지면 2~3초 후에 USB에서 파란색 불이 깜빡거립니다.

10 뚜루뚜루 USB 동글을 꽂은 다음, 화면에 새롭게 나타난 COM PORT [COM3]을 선택하고 [연결]을 클릭합니다.

11 뚜루뚜루를 USB 동글에 최대한 가까이 하여 전원을 켭니다.

전원 스위치는 뚜루뚜루 뒷면 아래쪽에 있습니다.

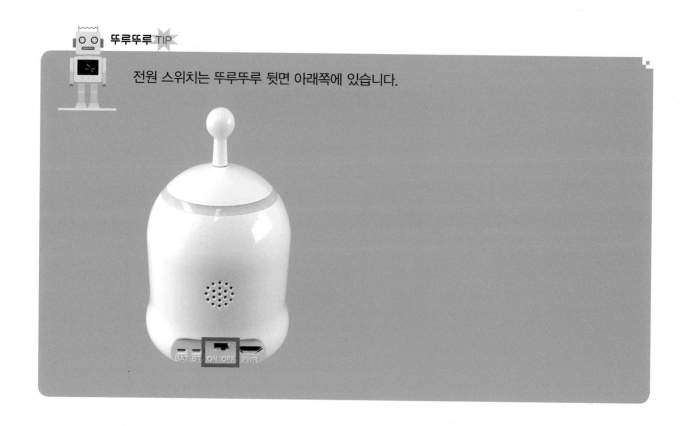

12 연결이 성공되면 연결음 소리와 함께 뚜루뚜루 머리의 LED가 파란색으로 바뀝니다.

뚜루뚜루 TIP

연결이 잘 되지 않을 경우 팝업창 왼쪽의 [드라이버 설치]를 선택합니다.

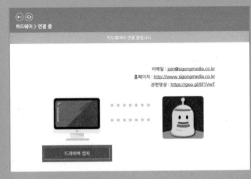 

설치가 완료된 다음 왼쪽 위 을 클릭하여 뚜루뚜루 하드웨어 연결을 다시 실행합니다.

13 뚜루뚜루 하드웨어 연결이 성공되면 창을 닫지 말고 최소화 버튼을 누릅니다.

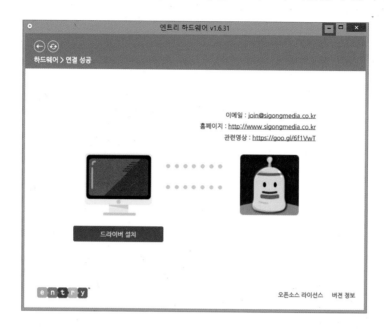

14 엔트리 화면으로 이동해서 뚜루뚜루 명령어 블록들을 확인합니다. 하드웨어 연결이 성공된 후에도 명령어 블록이 보이지 않는 경우 [하드웨어 연결하기]를 클릭합니다.

 **뚜루뚜루 TIP**

뚜루뚜루는 센서 값을 받는 [센서 블록]과 움직임을 제어하는 [제어 블록] 2가지 종류로 구분됩니다.

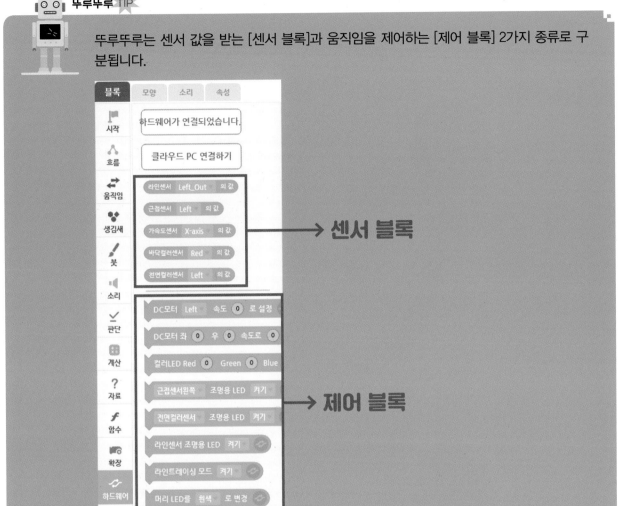

센서 블록

라인센서 Left_Out ▼ 의 값

뚜루뚜루의 라인 센서 데이터를 읽어오는 블록입니다. 선택 가능한 센서는 Left_out, Left_in, Right_out, Right_in 총 4가지입니다.

근접센서 Left ▼ 의 값

뚜루뚜루의 근접 센서 값을 불러오는 블록이고, 왼쪽 근접 센서와 오른쪽 근접 센서가 있습니다.

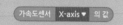
가속도센서 X-axis ▼ 의 값

뚜루뚜루의 내부에 있는 3축 가속도 센서의 값을 불러오는 블록입니다.

바닥컬러센서 Red ▼ 의 값

바닥 컬러 센서를 활용하여 Red, Green, Blue, Color Key 데이터를 불러오는 블록입니다.
Red, Green, Blue는 0에서 255까지의 데이터 범위를 가지고, Color Key의 경우 총 8가지로 구성되어 있습니다.
(0 흰색, 1 빨강, 2 초록, 3 파랑, 4 하늘, 5 자주, 6 노랑, 7 검정)

전면컬러센서 Left ▼ 의 값

입 부분 컬러 센서 데이터 값을 불러오는 블록입니다.

15 제어 블록 중 [로봇을 앞으로 계속 이동] 블록을 다음 그림과 같이 연결해 봅니다.

16 엔트리 화면 왼쪽의 [▶] 버튼을 클릭한 다음 뚜루뚜루의 움직임을 관찰해 봅니다.

뚜루뚜루 TIP

제어 블록

DC모터 Left▼ 속도 0 로 설정	왼쪽과 오른쪽의 모터 속도를 각각 제어합니다.
DC모터 좌 0 우 0 속도로 0 초 구동	왼쪽과 오른쪽의 모터 속도, 이동 시간을 동시에 제어합니다. 시간을 0초로 설정할 경우 뚜루뚜루는 무한대로 이동합니다.
컬러LED Red 0 Green 0 Blue 0 로 설정	뚜루뚜루의 머리 LED 색상을 정합니다. 숫자는 0~225 범위로 지정할 수 있으며, 수치에 따라 3가지의 색상으로 변경됩니다.
근접센서왼쪽▼ 조명용 LED 켜기▼	뚜루뚜루 앞에 있는 근접 센서 LED를 켭니다. 왼쪽과 오른쪽 따로 설정할 수 있습니다.
전면컬러센서▼ 조명용 LED 켜기▼	뚜루뚜루 컬러 센서 LED를 켜고 끌 수 있습니다. 하단부의 컬러센서(바닥)와 입에 있는 컬러 센서(전면 코딩카드 인식용) 2가지가 있습니다.
라인센서 조명용 LED 켜기▼	바닥의 빛 센서 4개의 LED를 켜고 끕니다.
라인트레이싱 모드 켜기▼	라인트레이싱 기능을 켜거나 끕니다.
머리 LED를 흰색▼ 로 변경	뚜루뚜루 머리 LED 색깔을 켜거나 끌 수 있습니다. 흰색, 빨간색, 초록색, 파란색, 하늘색, 자주색, 노란색 등으로 나타납니다.
로봇을 앞으로▼ 계속이동	뚜루뚜루가 앞으로 또는 뒤로 계속해서 이동합니다.
로봇을 앞으로▼ 0 초 이동	뚜루뚜루가 앞으로 또는 뒤로 설정한 시간(초)만큼 이동합니다.
로봇을 오른쪽으로▼ 계속 회전	뚜루뚜루가 오른쪽으로 또는 왼쪽으로 계속해서 회전합니다.
로봇을 오른쪽으로▼ 0 초 회전	뚜루뚜루가 오른쪽으로 또는 왼쪽으로 설정한 시간(초) 만큼 회전합니다.
뚜루뚜루를 격자 0 칸 만큼 이동	뚜루뚜루가 설정한 격자(칸) 만큼 이동합니다.
뚜루뚜루를 격자에서 오른쪽으로▼ 0 회 회전	뚜루뚜루가 격자에서 오른쪽으로 또는 왼쪽으로 설정한 횟수만큼 회전합니다.

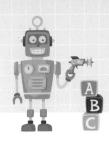

뚜루뚜루 도전 해보아요!

 도전 – **뚜루뚜루 명령어 블록 연결하기**

뚜루뚜루가 가지고 있는 명령어 블록을 찾아서 순서대로 붙여봅니다.

▶ 시작하기 버튼을 클릭했을 때

머리 LED를 흰색 ▼ 로 변경

로봇을 앞으로 ▼ 1 초 이동

로봇을 오른쪽으로 ▼ 1 초 회전

라인센서 조명용 LED 켜기 ▼

라인트레이싱 모드 켜기 ▼

◆ (부록 41쪽) 명령어 블록 붙임딱지를 이용해서 붙여봅니다.

뚜루뚜루 징검다리 건너기

- 뚜루뚜루 명령어 블록을 연결하여 앞 또는 뒤로 움직일 수 있습니다.
- 뚜루뚜루 명령어 블록을 연결하여 왼쪽 또는 오른쪽으로 회전할 수 있습니다.
- 뚜루뚜루를 움직여서 징검다리를 건널 수 있습니다.

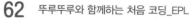

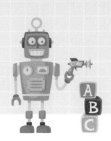

뚜루뚜루
미리 살펴보아요!

이번 활동을 하기 위해 무엇이 필요한지 함께 살펴봅니다.

▲ 뚜루뚜루

▲ 인터넷이 연결된 컴퓨터

▲ 뚜루뚜루 USB 동글

▲ 활동지(부록 15쪽)

02 | 이번 활동을 미리 살펴볼까요?

뚜루뚜루가 가지고 있는 이동 명령어 블록을 이용하여 뚜루뚜루를 움직여 징검다리를 건너봅니다.

뚜루뚜루 프로그래밍하기

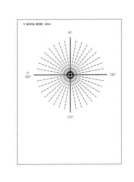

뚜루뚜루 이동거리 및 회전각도 찾기

징검다리 건너기

같이 해보아요!

뚜루뚜루

01 징검다리 건너기 프로그래밍하기

뚜루뚜루 이동 명령어 [로봇을 앞으로 0초 이동], [로봇을 오른쪽으로 0초 회전] 블록의 의미와
사용방법을 익혀서 순서대로 징검다리를 건너봅니다.

01 블록 조립소 영역에서 [10번 반복하기] 블록과 [이동 방향으로 10만큼 움직이기] 블록을 마우스
로 드래그하여 오른쪽 아래에 있는 휴지통에 가까이 가져가서 버립니다.

뚜루뚜루 TIP

프로그램을 만들 때 필요 없는 블록은 오른쪽 아래에 있는 휴지통 또는 왼쪽 블록 꾸러미로 가져다 놓으면 해당 블록을 버릴 수 있습니다.

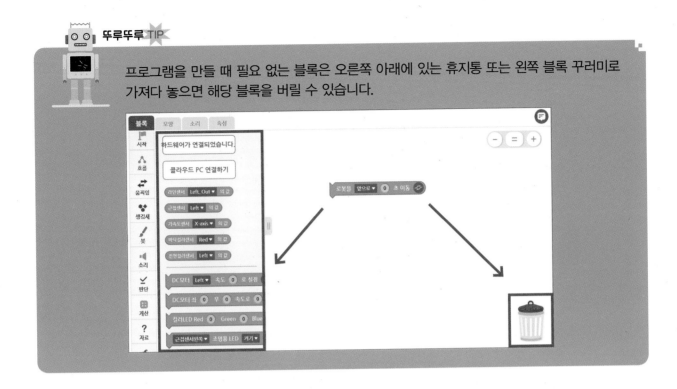

02 [하드웨어] 카테고리에서 [로봇을 앞으로 0초 이동] 블록을 [시작하기 버튼을 클릭했을 때] 블록 아래 연결하고, 이동 시간을 0초에서 3초로 수정합니다.

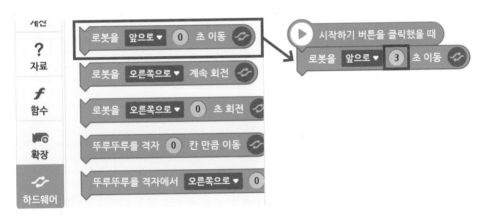

03 [하드웨어] 카테고리에서 [로봇을 오른쪽으로 0초 회전] 블록을 연결하고, 회전 시간을 0초에서 1초로 수정합니다.

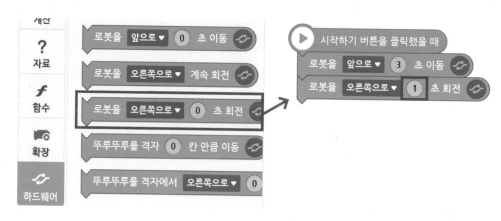

04 '오른쪽으로' 글자를 클릭해서 회전 방향을 '왼쪽으로'로 수정합니다.

05 [하드웨어] 카테고리에서 [로봇을 앞으로 0초 이동] 블록을 연결하고, 이동 시간을 0초에서 2초로 수정합니다.

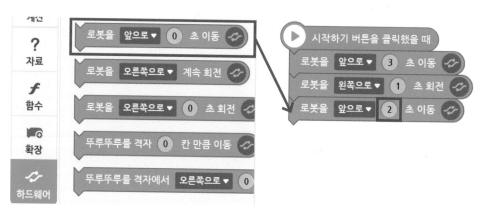

06 [하드웨어] 카테고리에서 [로봇을 오른쪽으로 0초 회전] 블록을 연결하고, 회전 시간을 0초에서 1초로 수정합니다.

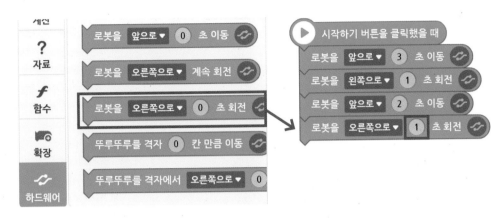

07 '오른쪽으로' 글자를 클릭해서 회전 방향을 '왼쪽으로'로 수정합니다.

08 [하드웨어] 카테고리에서 [로봇을 앞으로 0초 이동] 블록을 연결하고, 이동 시간을 0초에서 2초로 수정합니다.

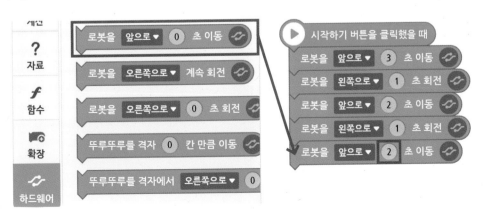

09
- 부록 15쪽의 징검다리 건너기 활동지에 뚜루뚜루를 올려놓습니다.
- 엔트리 화면 왼쪽의 [▶] 버튼을 클릭해서 뚜루뚜루를 움직여 봅니다.
- 뚜루뚜루가 징검다리를 벗어날 경우 이동 시간 또는 회전 시간을 수정해 봅니다.

뚜루뚜루 TIP

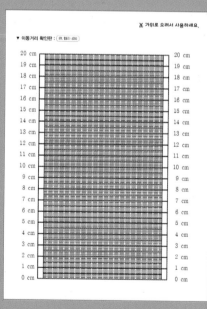 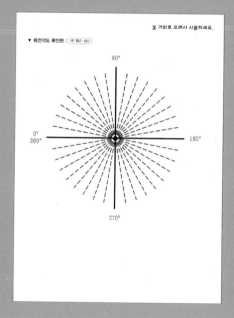

부록 43, 45쪽을 이용하여 뚜루뚜루가 시간(초)에 따라 이동하는 거리와 회전하는 각도를 찾아봅니다.

도전 해보아요!

 도전 - **뚜루뚜루와 함께 컬링하기**

친구들과 함께 뚜루뚜루로 컬링 게임을 제작해 봅니다. 누가 빨간 원 가운데로 가장 정확히 도착하는지 시합해 봅니다.

출발

◆ (부록 17쪽) 출발 지점에 뚜루뚜루를 올려놓고 시작해 봅니다.

뚜루뚜루 꼬리잡기

- 뚜루뚜루 명령어 블록을 연결하여 키보드의 화살표로 뚜루뚜루를 움직일 수 있습니다.
- 뚜루뚜루 머리의 LED 색깔을 바꿀 수 있습니다.
- 뚜루뚜루를 움직여서 친구와 꼬리잡기 놀이를 할 수 있습니다.

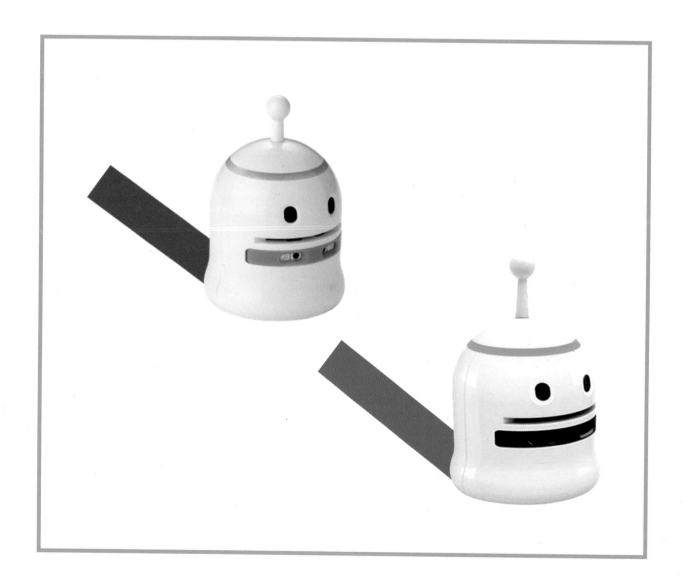

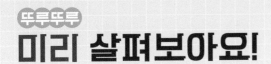

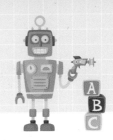

미리 살펴보아요!

01 | 무엇이 필요할까요?

이번 활동을 하기 위해 무엇이 필요한지 함께 살펴봅니다.

▲ 뚜루뚜루   ▲ 인터넷이 연결된 컴퓨터   ▲ 뚜루뚜루 USB 동글   ▲ 꼬리
(부록 47쪽)

02 | 이번 활동을 미리 살펴볼까요?

뚜루뚜루가 가지고 있는 이동 명령어 [DC모터 Left 속도 0로 설정] 블록을 이용하여 왼쪽 모터 속도와 오른쪽 모터 속도를 각각 또는 동시에 제어함으로써 키보드의 화살표 자판으로 뚜루뚜루를 움직여 꼬리잡기 놀이를 해 봅니다.

뚜루뚜루 프로그래밍하기   뚜루뚜루 꼬리달기   꼬리잡기 놀이하기

같이 해보아요!

뚜루뚜루

뚜루뚜루 이동 명령어 [DC모터 Left 속도 0으로 설정] 블록의 의미와 사용방법을 익혀 뚜루뚜루로 꼬리잡기 놀이를 해 봅니다.

01 [시작] 카테고리에서 [q키를 눌렀을 때] 블록을 블록 조립소 영역(화면 오른쪽)으로 가져옵니다.

02 알파벳 소문자 'q'를 클릭하면 키보드의 자판이 목록 형태로 나타납니다.

03 목록에서 '위쪽 화살표'를 클릭하면 'q'가 '위쪽 화살표'로 바뀌는 것을 확인할 수 있습니다.

04 [시작] 카테고리에서 [q키를 눌렀을 때] 블록을 블록 조립소 영역(화면 오른쪽)으로 3개 더 가져옵니다.

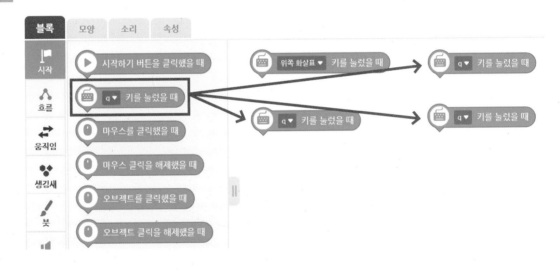

05 알파벳 소문자 'q'를 클릭하여 키보드 자판 목록에서 '아래쪽 화살표', '왼쪽 화살표', '오른쪽 화살표'로 각각 수정합니다.

06 [하드웨어] 카테고리에서 [DC모터 Left 속도 0으로 설정] 블록을 가져와서 [위쪽 화살표 키를 눌렀을 때] 블록 아래에 연결합니다.

07 'Left' 글자를 클릭해서 DC모터는 'ALL'로 수정하고, 속도를 0에서 50으로 수정합니다.

08 [하드웨어] 카테고리에서 [DC모터 Left 속도 0으로 설정] 블록을 나머지 3개의 블록에도 연결합니다.

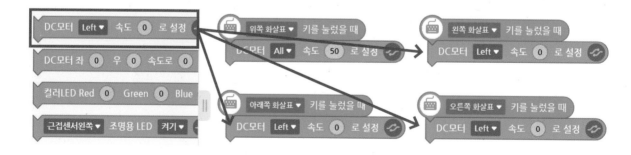

09 [아래쪽 화살표 키를 눌렀을 때] 블록의 DC모터는 'Left'에서 'ALL'로 수정하고, 속도를 0에서
−50으로 수정합니다.

10 [왼쪽 화살표 키를 눌렀을 때] 블록의 DC모터는 'Right'로 수정하고, 속도를 0에서 50으로 수정
합니다.

뚜루뚜루 TIP

[왼쪽 화살표 키를 눌렀을 때] 블록에 DC모터의 'Right' 속도를 50으로 조절하는 이유는 왼
쪽 바퀴를 움직이지 않고 오른쪽 바퀴만 50의 속도로 회전함으로써 뚜루뚜루는 왼쪽으로 회
전합니다. 즉, 뚜루뚜루는 좌회전하게 됩니다.

11 [오른쪽 화살표 키를 눌렀을 때] 블록의 DC모터는 'Left' 그대로 놓고, 속도를 0에서 50으로 수정합니다.

뚜루뚜루 TIP

[오른쪽 화살표 키를 눌렀을 때] 블록에 DC모터의 'Left' 속도를 50으로 조절하는 이유는 오른쪽 바퀴를 움직이지 않고 왼쪽 바퀴만 50의 속도로 회전함으로써 뚜루뚜루는 오른쪽으로 회전합니다. 즉, 뚜루뚜루는 우회전하게 됩니다.

12 [시작] 카테고리에서 [q키를 눌렀을 때] 블록을 하나 가져온 다음, 알파벳 소문자 'q'를 클릭하여 키보드 자판 목록에서 '스페이스'를 선택합니다.

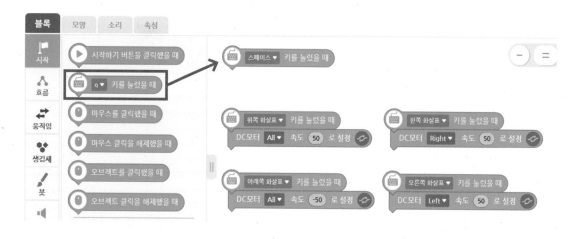

13 [하드웨어] 카테고리에서 [DC모터 Left 속도 0으로 설정] 블록을 [스페이스 키를 눌렀을 때] 블록에 연결하고, 'Left'를 클릭해서 DC모터를 'ALL'로 수정합니다.

14 [시작] 카테고리에서 [시작하기 버튼을 클릭했을 때] 블록을 가져옵니다.

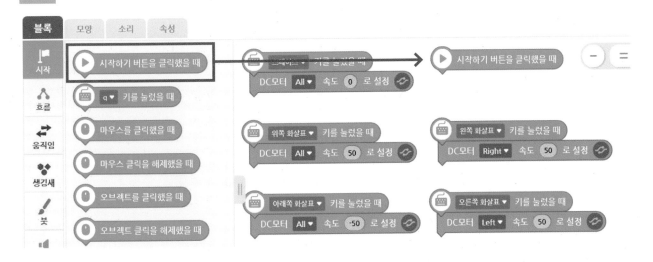

15 [하드웨어] 카테고리에서 [머리 LED를 흰색로 변경] 블록을 연결하고, 원하는 LED 색깔(흰색, 빨간색, 초록색, 파란색 등)로 변경할 수 있습니다.

16 뚜루뚜루 꼬리잡기 프로그램이 제대로 만들어졌는지 확인해 봅니다. 엔트리 화면 왼쪽의 [▶] 버튼을 클릭한 다음 키보드 자판(화살표, 스페이스)을 눌러서 뚜루뚜루를 움직이거나 멈추어 봅니다.

17 부록 47쪽의 꼬리 붙임딱지를 떼어내서 뚜루뚜루 바닥에 꼬리를 붙입니다. 꼬리를 모두 사용하고 나면 색종이를 잘라서 붙일 수 있습니다.

18
- 부록 19쪽의 꼬리잡기 놀이판 활동지에 뚜루뚜루를 올려놓습니다.
- 시작 소리와 함께 출발하고, 친구의 꼬리를 먼저 잡는 사람이 이기게 됩니다(단, 경기장 밖으로 나가면 지게 됩니다).

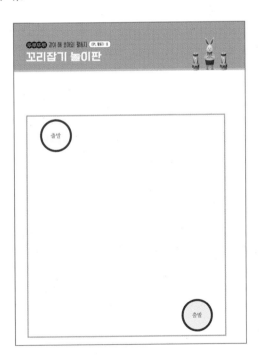

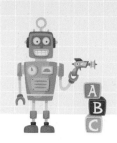

도전 해보아요!

 도전 - 무궁화 꽃이 피었습니다! 놀이하기

친구와 함께 '무궁화 꽃이 피었습니다!' 놀이를 해 봅니다. 가위바위보에서 이긴 친구는 출발선에서 시작하여 도착 지점까지 들키지 않고 움직이면 됩니다. 단, 친구가 '무궁화 꽃이 피었습니다!'를 외친 후에도 계속 움직이면 지게 됩니다.

출 발 선

무궁화 꽃이 피었습니다!

술래

도착

◆ (부록 21쪽) 활동지를 이용하여 놀이를 해 봅니다.

08

뚜루뚜루 안전운전하기

- 뚜루뚜루의 센서 값을 엔트리 화면에서 확인할 수 있습니다.
- 뚜루뚜루 바닥 컬러 센서 블록을 이용하여 뚜루뚜루의 속도를 조절할 수 있습니다.
- 뚜루뚜루가 앞으로 움직이다가 과속방지턱 구간에서 천천히 이동할 수 있습니다.

미리 살펴보아요!

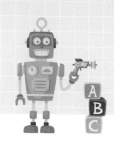

01 무엇이 필요할까요?

이번 활동을 하기 위해 무엇이 필요한지 함께 살펴봅니다.

▲ 뚜루뚜루

▲ 인터넷이 연결된 컴퓨터

▲ 뚜루뚜루 USB 동글

▲ 활동지
(부록 23쪽)

02 이번 활동을 미리 살펴볼까요?

뚜루뚜루 센서 블록 중 [바닥 컬러 센서] 블록을 이용하여 센서 값을 기준으로 검정색 과속방지턱에서 뚜루뚜루가 천천히 움직일 수 있도록 해 봅니다.

뚜루뚜루 프로그래밍하기   센서 값 확인하기   과속방지턱 건너기

뚜루뚜루
같이 해보아요!

뚜루뚜루 센서 블록 [바닥 컬러 센서] 블록의 의미와 사용 방법을 익혀 뚜루뚜루가 과속방지턱을 안전하게 넘을 수 있도록 해 봅니다.

01 [시작] 카테고리에서 [시작하기 버튼을 클릭했을 때] 블록을 블록 조립소 영역(화면 오른쪽)으로 가져옵니다.

02 [흐름] 카테고리에서 [계속 반복하기] 블록을 가져와 연결합니다.

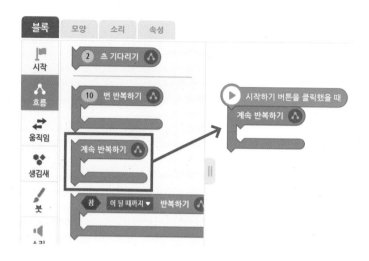

03 [하드웨어] 카테고리에서 [DC모터 Left 속도 0로 설정] 블록을 [계속 반복하기] 블록 안에 넣어 봅니다.

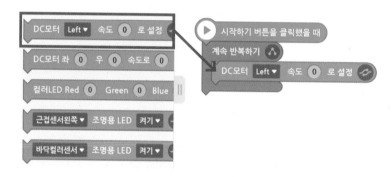

04 [DC모터 Left 속도를 0로 설정] 블록에서 'Left'를 클릭해서 'ALL'으로 수정하고, 속도를 0에서 50으로 수정합니다.

05 [흐름] 카테고리에서 [만일 〈참〉 이라면] 블록을 [DC모터 ALL 속도 50로 설정] 블록 아래에 연결합니다.

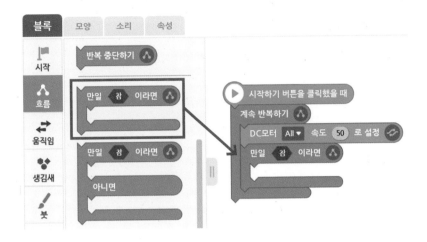

06 [판단] 카테고리에서 〈10=10〉 블록을 [만일 〈참〉 이라면] 블록의 〈참〉에 끼워 넣어봅니다.

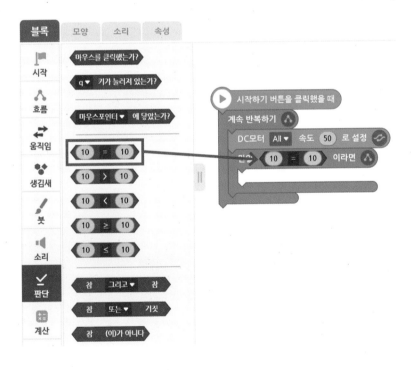

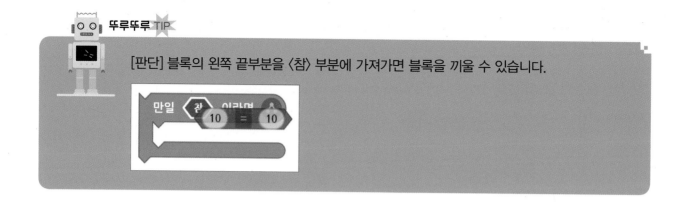

뚜루뚜루 TIP

[판단] 블록의 왼쪽 끝부분을 〈참〉 부분에 가져가면 블록을 끼울 수 있습니다.

07 [하드웨어] 카테고리에서 [바닥 컬러 센서 Red의 값] 블록을 〈10=10〉 블록의 왼쪽 숫자 '10'에 끼워 넣고, 오른쪽 숫자 '10'은 '7'로 수정합니다.

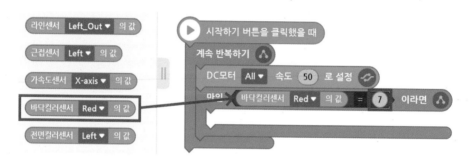

08 [바닥 컬러 센서 Red의 값] 블록에서 'Red'를 클릭해서 'ColorKey'로 수정합니다.

Red

Green

Blue

ColorKey

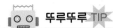 뚜루뚜루 TIP

바닥 컬러 센서의 ColorKey 값은 총 8가지 색깔을 인식할 수 있습니다. 흰색 0, 빨강 1, 초록 2, 파랑 3, 하늘 4, 자주 5, 노랑 6, 검정 7로 나타납니다.
[생김새] 카테고리의 [안녕!을(를) 말하기] 블록을 이용하면 [바닥 컬러 센서 ColorKey]의 값을 화면에서 직접 확인할 수 있습니다. 이때 [바닥 컬러 센서 조명용 LED 켜기] 블록을 연결해야 센서 값을 실시간으로 확인할 수 있습니다.

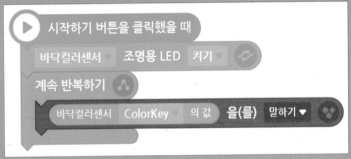

09 [하드웨어] 카테고리에서 [DC모터 Left 속도 0로 설정] 블록을 [만일 ~이라면] 블록과 연결합니다.

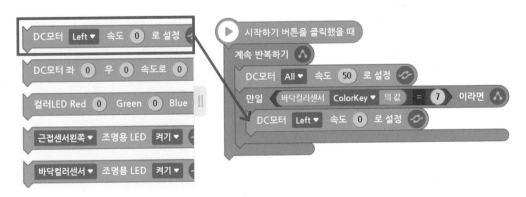

10 [DC모터 Left 속도를 0로 설정] 블록에서 'Left'를 클릭해서 'ALL'으로 수정하고, 속도를 0에서 20으로 수정합니다.

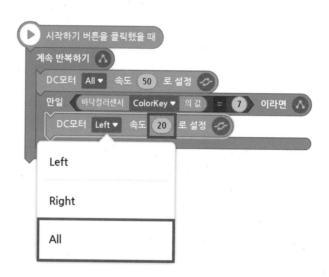

11 부록 23쪽의 뚜루뚜루 안전운전하기 활동지를 이용합니다.

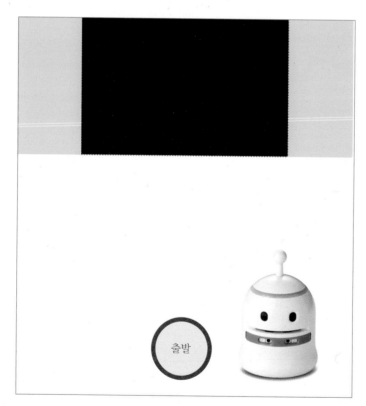

12 엔트리 화면 왼쪽의 [▶] 버튼을 클릭하여 뚜루뚜루가 과속방지턱에서 어떻게 움직이는지 확인해 봅니다.

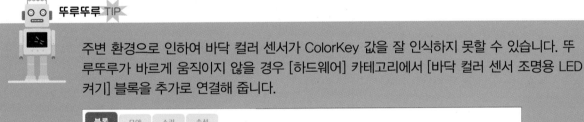

뚜루뚜루 TIP

주변 환경으로 인하여 바닥 컬러 센서가 ColorKey 값을 잘 인식하지 못할 수 있습니다. 뚜루뚜루가 바르게 움직이지 않을 경우 [하드웨어] 카테고리에서 [바닥 컬러 센서 조명용 LED 켜기] 블록을 추가로 연결해 줍니다.

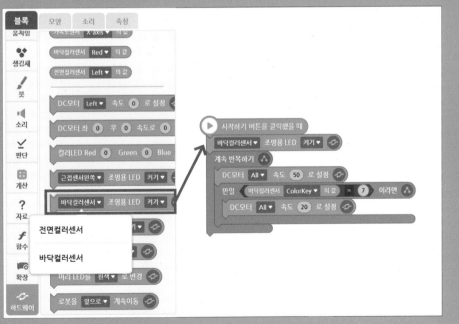

 ## 도전 - 정지선 지키기

뚜루뚜루가 지나가려는 곳에 신호등의 빨간불이 들어왔네요. 뚜루뚜루가 검정색 정지선에서 멈추도록 프로그램을 수정해 봅니다.

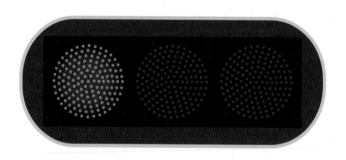

출발

◆ (부록 25쪽) 활동지를 이용하여 뚜루뚜루를 움직여 봅니다.

09

뚜루뚜루 LED 로봇청소기

- 로봇청소기가 움직이는 원리를 이해할 수 있습니다.
- 뚜루뚜루 바닥 컬러 센서 블록을 이용하여 뚜루뚜루의 움직임을 조절할 수 있습니다.
- 뚜루뚜루 로봇청소기를 프로그래밍하여 방을 청소할 수 있습니다.

뚜루뚜루
미리 살펴보아요!

01 | 무엇이 필요할까요?

이번 활동을 하기 위해 무엇이 필요한지 함께 살펴봅니다.

▲ 뚜루뚜루

▲ 인터넷이 연결된 컴퓨터

▲ 뚜루뚜루 USB 동글

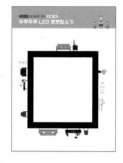

▲ 활동지
(부록 27쪽)

02 | 이번 활동을 미리 살펴볼까요?

뚜루뚜루를 이용하여 로봇청소기 소프트웨어를 직접 만들어보면서 로봇청소기가 움직이는 원리를 이해할 수 있습니다.

로봇청소기 프로그래밍

스스로 청소하는 로봇청소기 프로그래밍

로봇청소기로 청소하기

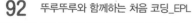

같이 해보아요!
뚜루뚜루

01 | LED 로봇청소기 프로그래밍하기

로봇청소기가 움직이는 가장 기본적인 원리는 움직이다가 장애물을 만나면 회전하면서 피하고 청소하는 것입니다. 뚜루뚜루의 센서 블록과 LED 블록을 이용하여 빛나는 LED 로봇청소기를 만들어 봅니다.

01 [시작] 카테고리에서 [시작하기 버튼을 클릭했을 때] 블록을 블록 조립소 영역(화면 오른쪽)으로 가져옵니다.

02 [하드웨어] 카테고리에서 [머리 LED를 흰색로 변경] 블록을 연결합니다.

03 '흰색' 글자를 클릭해서 LED 색깔을 '초록색'으로 수정합니다. 초록색 이외에 다른 색깔을 선택해도 됩니다.

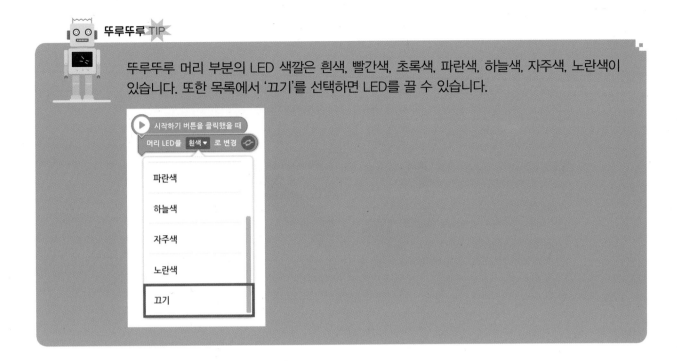

뚜루뚜루 TIP

뚜루뚜루 머리 부분의 LED 색깔은 흰색, 빨간색, 초록색, 파란색, 하늘색, 자주색, 노란색이 있습니다. 또한 목록에서 '끄기'를 선택하면 LED를 끌 수 있습니다.

04 [흐름] 카테고리에서 [계속 반복하기] 블록을 연결합니다.

05 [하드웨어] 카테고리에서 [DC모터 Left 속도 0로 설정] 블록을 [계속 반복하기] 블록 안에 연결합니다.

06 'Left' 글자를 클릭해서 'ALL'로 수정하고, 속도를 0에서 50으로 수정합니다.

07 [흐름] 카테고리에서 [만일 〈참〉 이라면] 블록을 [DC모터 ALL 속도 50로 설정] 블록 아래에 연결합니다.

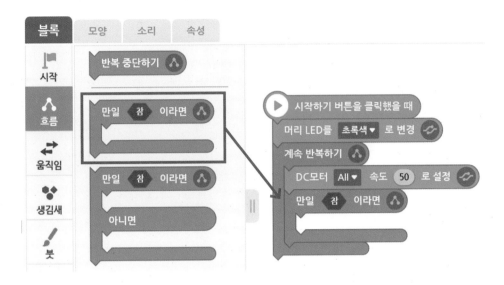

08 [판단] 카테고리에서 〈10=10〉 블록을 [만일 〈참〉 이라면] 블록의 〈참〉 부분에 끼워 넣습니다.

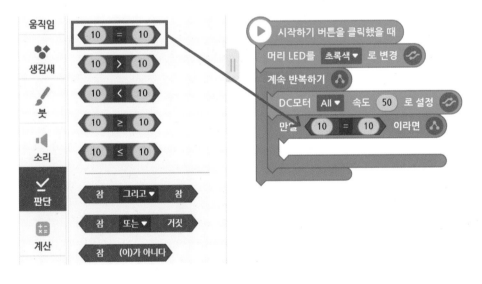

09 [하드웨어] 카테고리에서 [바닥 컬러 센서 Red의 값] 블록을 〈10=10〉 블록의 왼쪽 숫자 '10'에 끼워 넣고 오른쪽 숫자 '10'은 '7'로 수정합니다.

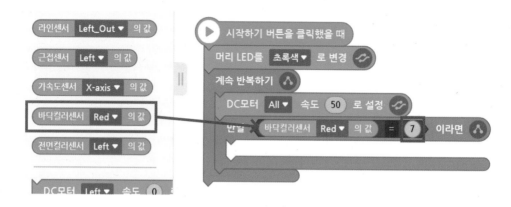

10 [바닥 컬러 센서 Red의 값] 블록에서 'Red'를 클릭해서 'ColorKey'로 수정합니다.

11 [하드웨어] 카테고리에서 [로봇을 앞으로 0초 이동] 블록을 [만일 ~이라면] 블록에 연결합니다.

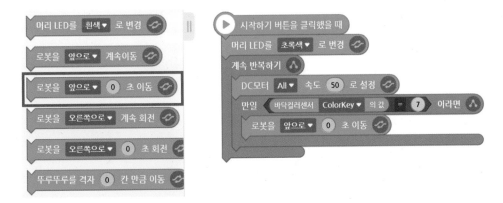

12 '앞으로' 글자를 클릭해서 이동 방향을 '뒤로'로 수정하고, 이동 시간을 '0초'에서 '1초'로 수정합니다.

13 [하드웨어] 카테고리에서 [로봇을 오른쪽으로 0초 회전] 블록을 [로봇을 뒤로 1초 이동] 블록 아래에 연결합니다.

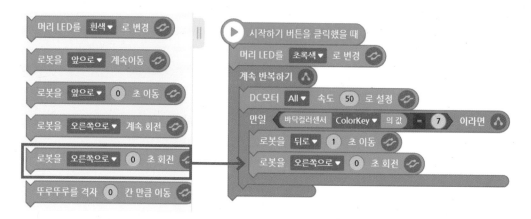

14 회전 시간을 '0초'에서 '1초'로 수정합니다.

15 뚜루뚜루를 부록 27쪽 가운데에 올려놓습니다.

16 엔트리 화면 왼쪽 [▶] 버튼을 클릭해서 뚜루뚜루의 움직임을 관찰합니다.

주변 환경으로 인하여 바닥 컬러 센서가 ColorKey 값을 잘 인식하지 못할 수 있습니다.
뚜루뚜루가 바르게 움직이지 않을 경우 [하드웨어] 카테고리에서 [바닥 컬러 센서 조명용
LED 켜기] 블록을 추가로 연결해 줍니다.

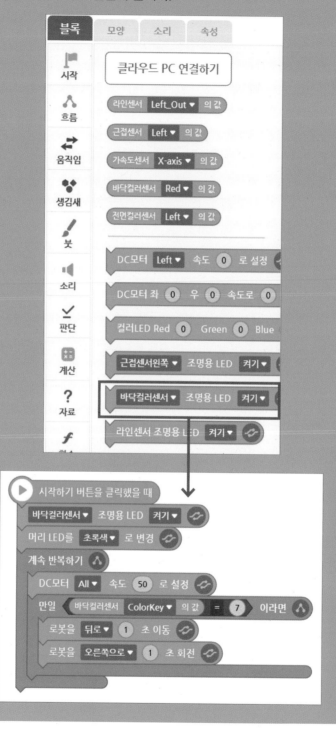

도전 해보아요!

 도전 - **뚜루뚜루와 함께 횡단보도 건너기**

뚜루뚜루와 함께 횡단보도를 건너려고 합니다. 횡단보도를 건너는 동안에는 LED가 초록색으로 빛나고, 횡단보도를 다 건너고 나면 LED 색깔을 빨간색으로 변경해 봅니다.

◆ (부록 29쪽) 활동지를 이용하여 횡단보도를 건너봅니다.